Sibylle Kaminski
Der kleine Job-Coach

Sibylle Kaminski

Der kleine Job-Coach

Mehr Gelassenheit,
weniger Konflikte,
bessere Durchsetzung
im Beruf und Alltag

Inhalt

1. Wie komme ich besser mit meiner Zeit klar?

Diese Frage stellen sich 80 Prozent der Menschen, die zu mir ins Coaching kommen. Zeitmanagement ist ein großes Thema geworden, seitdem wir mehr online als offline sind. Die von uns verwendete Technik, also Smartphones, Internet, Multimedia-Produkte, ist allemal schneller als unser kleines Hirn. Dummerweise meinen wir jedoch, wir müssten nun genauso schnell die Dinge erledigen – ein Trugschluss eigentlich. Aber da es so flott geht, eine E-Mail zu schreiben oder mal eben im Internet nach einer Information zu suchen, versuchen wir mit dieser Schnelligkeit mitzuhalten. Das ist allerdings ein auswegloses Unterfangen und führt in den meisten Fällen zu Stress und Überforderung. Besonders wahnsinnig empfinde ich es, wenn ich am Nachmittag per WhatsApp daran erinnert werde, dass ich vormittags eine E-Mail erhalten, jedoch (aus scheinbar unverständlichen Gründen) noch nicht beantwortet habe. So hetzen wir uns gegenseitig durch den Tag, statt einfach darauf zu vertrauen, dass jeder Mensch versucht, seine Aufgaben zu erledigen, und sich irgendwann auch einmal einer (natürlich enorm dringenden) Anfrage zuwenden wird. Wir sind ja als Volk nicht für unsere Unzuverlässigkeit bekannt, sondern für die Zuverlässigkeit – das sollten wir uns in Momenten, in denen die Ungeduld über das Verhalten anderer hochschwappt, immer mal wieder sagen.

»Überforderung durch Technikvorsprung« lautet also meine einleitende These zum gesamtgesellschaftlichen Phänomen des Zeitmangels. Um diesem allgemeinen Gefühl von Gehetzt-Sein auf die Spur zu kommen, möchte ich allen ab sofort nahelegen, zwischen »Zeit« und »Stress« zu unterscheiden. Die Wahrnehmung, dass ich mit meiner Zeit nicht mehr klarkomme, steht meiner Meinung nach an erster Stelle, die Wahrnehmung von

Stress ist eine Folge davon. Wir verquicken Zeitmangel und Stress blitzschnell, jedoch sind es zwei verschiedene Ärgernisse. Die gesondert betrachtet werden sollten, denn dann stellen sich schneller »Aha-Effekte« ein.

Die gute Nachricht ist: Es gibt einen Lösungsansatz, der Zeitmangel behebt, und der heißt Zeitmanagement (!), und einen zweiten, der einen besseren Umgang mit Stress verfolgt. Dieser ist nicht ganz so pragmatisch abzuhandeln wie die Zeitmanagement-Tipps, deshalb widme ich mich allem, was es über Stress und Wegen daraus zu sagen gibt, im nächsten Kapitel.

Also, alles schön der Reihe nach. Hier sind wir zunächst bei der Frage, wie man die vielen täglichen Aufgaben tatsächlich erledigt bekommt.

In meinen ersten Berufsjahren gab mir mein Vater diesen kleinen Zettel:

MEHR ZEIT FÜR DAS WICHTIGE !

1. Versuchen Sie nicht, alle Aufgaben zu erledigen. - Denken Sie an die 20:80-Regel und eliminieren Sie Aufgaben mit Null-Nutzen.

2. Setzen Sie Prioritäten. - Ordnen Sie in

A-Aufgaben:	viel Nutzen,
B-Aufgaben:	mittleren Nutzen,
C-Aufgaben:	weniger Nutzen.

3. Arbeiten Sie zuerst für die Menschen, von denen Sie den meisten Nutzen erwarten.

4. Prüfen Sie die wirkliche Priorität von "Eilt sehr"-Aufträgen.

5. Erledigen Sie Gleichartiges zusammen, z.B.: Telefongespräche, Korrespondenz.

6. Beachten Sie Ihre persönliche Leistungskurve und planen Sie Wichtiges zur Zeit Ihrer Leistungsspitze.

7. Erstellen Sie am Ende eines Tages einen Tagesplan für den kommenden Tag.

8. Beginnen Sie den Arbeitstag mit drei kleinen Dingen.

9. Setzen Sie sich für Ihre einzelnen Arbeiten jeweils eine zeitliche Grenze.

10. Lassen Sie sich nicht von Unvorhergesehenem überraschen. - Planen Sie Pufferzeiten.

11. Lassen Sie sich kein Problem mehr ohne Lösungsvorschlag vortragen.

12. Werden Sie Anfänger. - Erledigen Sie die unangenehmste Aufgabe zuerst.

13. Räumen Sie Ihren Arbeitsplatz auf. - Es liegt nur der Vorgang auf dem Schreibtisch, den Sie gerade bearbeiten.

14. Regeln Sie Arbeitsabläufe mit Checklisten.

15. Reservieren Sie Zeiten, in denen Sie nachdenken und planen.

Das sind die Zeitmanagement-Tipps aus den 70er-Jahren, und ob Sie es glauben oder nicht, wesentlich mehr sind bis heute nicht dazugekommen. Andersherum gesagt, alle 70er-Jahre-Tipps haben bis heute ihre Gültigkeit! Allerdings ist »störungsfreie Zeit« heute eher eine Seltenheit, und deshalb tut man gut daran, für diese zu sorgen. Zum einen heißt dies, dass man mindestens 30 Prozent seiner täglichen Arbeitszeit unverplant lassen sollte für alle unerwarteten Ereignisse. Sich von vorneherein »Pufferzeiten« einzurichten entschleunigt enorm. Zum anderen muss heute, wer konzentriert arbeiten möchte, aktiv dafür sorgen, dass Störungen außen vor bleiben. Heißt: Telefon aus für eine bestimmte Zeit (oder umleiten, wenn möglich), Mailprogramm und Internet schließen, ggf. ein »Jetzt nicht!«-Schild an die Tür hängen und diese fest zudrücken. Zudem jeden fragen, der trotzdem versucht ins Zimmer zu kommen, ob er oder sie nicht lesen könne:).

Hier meine aktuelle Liste von effektiven und alltagserprobten Zeitmanagement-Tipps:

• Unterscheiden Sie zwischen Wichtig und Dringend. Welche Aufgaben stehen in Zusammenhang mit Ihren Zielen oder denen Ihres Unternehmens? (Wenn Sie sich fragen, was der Unterschied zwischen Wichtig und Dringend ist, schauen Sie sich am besten gleich das nächste Kästchen an.)

• Priorisieren Sie dann Ihre Aufgaben: Welche müssen jetzt oder heute erledigt werden, welche können für andere Tage geplant werden?

• Verwenden Sie ein Kalender-Planungssystem und behandeln Sie Ihre Aufgaben wie Termine. »Gut geplant ist halb getan« heißt das Prinzip und bedeutet, tatsächlich jeder Aufgabe einen Termin zuzuweisen. Wann kann ich was (in Ruhe) erledigen? Wann muss etwas erledigt sein? Jede Aufgabe aus Ihrer bisherigen To-do-Liste und jeder »Das muss ich ja noch erledigen«-Gedanke bekommt einen Platz in Ihrem Kalender zugewiesen. Damit managen Sie Ihre Aufgabe zielstrebiger und entlasten sich zugleich. Denn ab sofort müssen Sie nicht mehr an alles denken, auch mahnt sie die niemals enden wollende To-do-Liste nicht länger. Planung = Entlastung pur.

• Arbeiten Sie zuerst für die Menschen, von denen Sie den meisten Nutzen erwarten. (Das wären zum Beispiel beste Kund*innen, potenzielle Auftraggeber*innen, die oder der Vorgesetzte, ihre wirklich nette Kollegin …)

• Erledigen Sie Gleichartiges zusammen, zum Beispiel Telefongespräche, E-Mails, Internetrecherche. Je weniger Sie zwischen Tätigkeiten hin und her springen, desto besser ist Ihre Konzentration.

• Beginnen Sie den Tag nicht mit dem Checken Ihrer E-Mails, sondern damit, etwas Wichtiges zu erledigen. Zum Beispiel etwas, was Ihre volle Konzentration benötigt, oder auch etwas, das Sie schon länger vor sich herschieben (»Am Morgen eine Kröte schlucken« heißt dieser Tipp).

• Beachten Sie Ihre persönliche Leistungskurve und planen Sie Wichtiges zur Zeit Ihrer Leistungsspitze. Routineaufgaben, Social-Media-Aktivitäten etc. lassen sich auch mit weniger Aufmerksamkeit erledigen.

• Werfen Sie am Ende eines Tages einen Blick auf Ihre Planung und haken Sie das Erledigte ab. Nicht-Erledigtes weisen Sie einem neuen Termin zu. Erkennen Sie Ihren Erfolg und was Sie heute geschafft haben an.

• Planen Sie Zeiten für Unvorhergesehenes ebenso ein wie für Mittagessen und kleinere Pausen. Machen Sie bewusst Feierabend und verschieben Sie keine Tätigkeiten in die Abendstunden, außer Ihre Leistungskurve liegt im Abend oder in der Nacht.

• Wenn Sie an einem größeren Projekt oder Auftrag arbeiten, schalten Sie Ihr Telefon stumm und arbeiten Sie nach der »Pomodoro-Technik«: 20 Minuten Konzentration, 10 Minuten Pause, 20 Minuten Konzentration, 10 Minuten Pause usw.

- E-Mails abrufen reicht dreimal am Tag. Schalten Sie die Benachrichtigungsfunktion für E-Mails stumm.

- Wenn Sie tagsüber zu viel Zeit im Netz verbringen (ohne dass dies mit Ihrer tatsächlichen Arbeit zu tun hat), aktivieren Sie Apps wie »Forest« oder »Rescue time«, um Ihr Surfverhalten zu kontrollieren.

- Räumen Sie Ihren Schreibtisch auf. Es liegt nur der Vorgang auf dem Schreibtisch, an dem Sie gerade arbeiten. Für alles andere gibt es (Pult-)Ordner, Ablagesysteme ...

- Reservieren Sie sich Zeiten, in denen Sie nachdenken und planen. Siehe oben: »Gut geplant ist halb getan«.

- Genießen Sie Ihre Zeit. Denn sie ist Ihr Leben.

Probieren Sie eins nach dem anderen aus. Tatsächlich besser mit Zeit und Aufgaben klarzukommen setzt außerdem voraus, dass Sie sich in Umsetzungsdisziplin üben. Klingt schrecklich, heißt jedoch nur: Was ich mir vornehme, erledige ich auch!

Tipp Nr. 3 ist dafür unentbehrlich. Sobald Sie anfangen, Ihre Aufgaben wie Termine in einen Kalender einzutragen, brauchen Sie diese anschließend »nur noch« genauso zu behandeln wie Termine. Sie erledigen sie einfach. Wenn am Tag wieder einmal zu viele Störungen und Unvorhergesehenes auf Sie einprasseln, müssen Sie Ihre Aufgaben-Termine verschieben. Und zwar auf die nächste Zeitlücke in Ihrem Kalender. Diese Vorgehensweise schult ungemein, erspart sämtliche lästige Listen und lässt einen am Ende des Tages zufrieden zurück. Sie können die Aufgaben abhaken, sodass Sie abends auf eine erledigte kleine Tagesliste schauen. Bingo! Gut gemacht!

Nun noch ein zentrales Thema im Zeitmanagement: die Unterscheidung zwischen Wichtig und Dringend[1]

Dringend
Dahinter verbergen sich:
– Termindruck
– Antreiber
– Unterbrechungen
– Krisen

Entsteht häufig durch
äußeren Druck:
Jemand anderes will
etwas von uns.

Hier reagieren wir!
Schlussfolgerung:
Abgrenzung lernen
»Nein sagen« statt auto-
matischer Zustimmung

Wichtig
Dahinter verbergen sich:
– Werte
– Ziele
– Ergebnisse
– Zukunft

Wenn wichtige Aufgaben
erledigt werden,
stellt sich Zufriedenheit
und Erfolg ein.

Hier reagieren wir!
Schlussfolgerung:
Frühzeitig planen und
delegieren lernen

Überprüfen Sie Ihre Tätigkeiten: Welche sind dringlich
und welche sind wichtig?

Um dieser Unterscheidung weiter auf die Spur zu kommen, nützen drei Prüffragen:

Muss die Angelegenheit überhaupt gemacht werden?
Muss **ich** sie erledigen?
Muss sie **jetzt** (oder später) erledigt werden?

Kontrollieren Sie eine Woche lang, was Sie genau tun, schreiben Sie sich die Zeiten auf.
Erledigen Sie mehr für andere? Oder stehen Ihre Tätigkeiten im Zusammenhang mit Ihren eigenen Zielen (und denen des Unternehmens)?

Wenn ich mich den Tag über gehetzt und fremdbestimmt fühle, dann hat dies eine Menge damit zu tun, dass ich den Belangen anderer den Vorrang gebe vor meinen eigenen Aufgaben und Vorhaben. Wenn Sie jede eingehende E-Mail sofort beantworten, kommen Sie einfach nicht dazu, Ihre Ziele zu erreichen. Sie lassen sich im Gegenteil ständig davon ablenken.

Mit diesem bestechend einfachen Management erhalten Sie die Souveränität über Ihre Zeit zurück:

- Ich nehme mir Zeit, um den nächsten Tag, die nächste Woche, den nächsten Monat oder das Quartal zu durchdenken und die Aufgaben zu planen.
- Ich behandele meine Aufgaben wie Termine.
- Ich erledige Wichtiges als Erstes am Tag, spare Zeit, indem ich gleichartige Tätigkeiten bündele, und übe mich in Umsetzungsdisziplin (heißt: Lasse mich so wenig wie möglich ablenken).
- Ich sorge für Pausen, Mittagessen (nicht immer im Team, denn dann wird weitergearbeitet statt sich erholt), störungsfreie Zeiten und Ausgleich am Abend und am Wochenende.
- Ich bin nicht ständig erreichbar, sondern kann zurückrufen und auch einmal einfach frei haben.
- Auf diese Weise arbeite ich konzentrierter, erholter, selbstbestimmter.

Ich gehe souverän und selbstbestimmt mit meiner Zeit um und hetze ihr nicht mehr hinterher.

Eine schöne Utopie, finden Sie? Bevor Sie es für sich als unmöglich verwerfen, weil Ihr Schreibtisch einfach zu voll ist und es bei Ihnen im Unternehmen Usus ist, abends bis 20:00 Uhr oder länger zu arbeiten: Seien Sie mutig und verhalten sich anders. Beginnen Sie mit dem Schritt, der Ihnen am einfachsten erscheint. Wie war das noch mit »Sei selbst die Veränderung, die du in der Welt sehen willst«?[2]

2. Wie bleibe ich gelassener?
Stress am Arbeitsplatz verringern

Vielleicht fragen Sie sich: *Gelassener? Ich wäre schon froh, wenn ich so etwas wie gelassen wäre.* Einer meiner Achtsamkeitslehrer[3] hat einmal zu mir gesagt:»Die ersten 30 Jahre bist du sowieso Anfängerin.« Daran erinnere ich mich immer gern, wenn ich mal wieder aus der Hose gesprungen bin ...

Gelassen bleiben in einer anstrengenden Situation oder mit einem nervigen Kollegen hat viel, sehr viel mit Selbstwahrnehmung zu tun. Wenn ich mitbekomme, welches Gefühl oder welcher Gedanke in mir gerade aufpoppt, habe ich auch die Chance zu entscheiden, ob ich ihm jetzt folgen will oder besser nicht. Hört sich theoretisch an, ist es aber nicht.

In der Regel reagieren wir wie Automaten, wenn uns jemand blöd kommt. Entweder haue ich verbal zurück, das heißt, ich nehme den Fehdehandschuh auf. Oder ich verstumme, fühle mich unsicher und fresse den Ärger erst einmal in mich hinein. So oder so tobt ein Kampf – entweder äußerlich mit einer anderen Person oder in mir.

Es wäre ja wahnsinnig viel gewonnen, wenn keines der alten Programme (Kampf, Erstarrung oder Flucht) losgetreten würde. Doch um aus dieser uralten Konditionierung herauszukommen, braucht es einen gut geschulten Selbstwahrnehmungsfocus und zuvor 30 Jahre Übung;).[4]

Wenn Sie gelassener und souveräner reagieren wollen, dann ist der erste Schritt damit getan, dass Sie Ihre Gedanken und Gefühle beobachten. Was denken Sie eigentlich die ganze Zeit vor sich hin? Und welche Gefühle begleiten die Gedanken? Diese Selbstbeobachtung ist der Fundus, aus dem wir schöpfen. *Aha, das denke ich also beim Aufstehen. Und so denke ich über meine Frau, interessant. Meine Güte, wie oft ich genervt bin beim Auto-*

fahren. Und ach, jetzt verstehe ich endlich, warum mich der Kollege so aggressiv macht. Seine Art zu sprechen lässt mich immer wieder wie ein kleines vorgeführtes Kind vorkommen. Und so weiter und so fort.

Merken Sie den Unterschied? Statt einfach pausenlos vor sich hin zu denken und zu fühlen, treten Sie einen Schritt zurück und beobachten sich wie ein interessantes Objekt. Oder wie einen wirklich interessanten Menschen. Statt jedem Ihrer Gedanken oder Gefühle sofort zu folgen, nehmen Sie sie erst einmal wahr. Denn nicht jeder Gedanke hat tatsächlich einen Wahrheitsgehalt. In der Mehrzahl sind unsere Gedanken Interpretationen, Meinungen, Vorurteile, also eine rein subjektive Angelegenheit. Klar, sie kommen ja auch nur aus Ihnen heraus. Doch seltsamerweise sind wir der Überzeugung, dass jeder Gedanke unglaublichen Wert hat und deshalb auch geäußert werden muss. Und zudem glauben wir, dass wir unseren Gefühlsregungen machtlos gegenüberstehen.

»Du machst mich wahnsinnig!« – diesem Vorwurf geht eine lange Kette von Gefühlen und Interpretationen voraus. Wenn ich sie mir bewusst mache, kommt möglicherweise heraus, dass mich das Verhalten meines Partners an eine Ohnmachtserfahrung aus vergangenen Zeiten erinnert. Und dass ich doch heute als Erwachsene anders darauf reagieren könnte als mit Ärger und Ablehnung. Nur mal so als Vorschlag.

Ich denke, es wird klar, dass man beim Einüben von Gelassenheit bei sich selbst anfangen muss. Bei seinen Einstellungen, Vorurteilen, Bewertungen, Lebenserfahrungen und Schlussfolgerungen daraus. Es ist eine spannende Erkundungsreise, auf die man sich einlassen kann. Falls man es spannend findet … es gibt ja auch immer wieder Menschen, die lieber bei ihren negativen inneren Haltungen bleiben und dementsprechende Erfahrungen im Leben machen. Die glauben, dass sie sich nicht verändern können. Dass an diesem ganzen Psycho-Kram nichts sei außer Psycho-Kram. Stimmt aber einfach nicht. Jedem Menschen wohnt die Macht inne, seinem Leben eine entscheidende Wendung zu geben, die Beziehungen zum Arbeitskollegen oder zur Vorgesetzten zu verbessern, und vieles mehr. Diese Power beginnt mit dem ersten Schritt der wertneutralen, freundlichen Selbstreflexion.

Nein, damit meine ich nicht, dass man die Schuld an einem Konflikt immer bei sich suchen sollte. Und ja: Es gibt wirklich unangenehme Menschen, freundlich formuliert. Dummerweise können diese Ihr Team Lead oder Ihre Bürokollegin sein. Was Sie jedoch brauchen, ist ein Weg, mit diesen Menschen umzugehen, und niemand anderes wird diesen Weg gestalten als Sie selbst. Denn wenn Sie darauf warten, dass Ihr Gegenüber sich ändert, warten Sie lange.

Fangen Sie bei sich selbst an, bei Ihren Einstellungen zu dem oder der Kolleg*in. Warum regt Sie ihr oder sein Verhalten so auf? Was macht Sie wütend? Wie ist der Ärger tatsächlich entstanden, welchen Anteil tragen Sie daran (und wenn es »nur« Ihre negativen Einstellungen sind)?

Es gibt eine äußerst wirkungsvolle Methode, die eigenen Gedanken zu überprüfen, sie heißt »The Work« und wurde von **Byron Katie** entwickelt. Byron Katie war – so die Geschichte – jahrelang depressiv und kaum fähig, ihr Leben zu führen. Die meiste Zeit lag sie auf dem Sofa oder im Bett mit der Decke über dem Kopf. Irgendwann sind ihr dann vier Fragen ins Gehirn geplumpst, die ihr Leben grundlegend verändert haben. Aus der depressiven Frau wurde eine, die ihre stressigen Gedanken hinterfragte, auf den vermeintlichen Wahrheitsgehalt untersuchte und sich dadurch von den eigenen negativen Annahmen befreite. Sie finden das spannend? **Hier die Schritte von »The Work«**[5]:

1. Nehmen Sie sich ein Blatt Papier und schreiben Sie Ihre stressigen Gedanken über den Menschen auf, mit dem Sie gerade im Konflikt sind oder der Sie kolossal nervt. Also zum Beispiel: *Benno ärgert mich, weil er immer alles besser weiß. Ständig muss er sein Wissen zum Besten geben. Er lässt mich dadurch vor anderen klein und dumm aussehen.*

2. Dann nehmen Sie sich den ersten Satz vor, um ihn auf seinen Wahrheitsgehalt zu untersuchen. **Ist der Satz** *Benno ärgert mich, weil er immer alles besser weiß* **tatsächlich wahr?** *Klar,* werden Sie sagen. *Der Kerl steht ständig rum und gibt seine Meinung lautstark zum Besten. Wenn er sich so nicht verhalten würde, hätte ich auch kein Problem. Also ist meine Wahrnehmung und Meinung über ihn wahr.*

3. Nun kommt die zweite Frage von Byron Katie: **Können Sie tatsächlich, und zwar zu 100 Prozent, sagen, dass die Aussage** *Benno ärgert mich, weil er immer alles besser weiß* **wahr ist?** Der Satz hat ja zwei Teile, der erste bezieht sich auf Sie selbst, nämlich welches Gefühl Bennos Verhalten bei Ihnen auslöst. Das ist Ärger, und den fühlen Sie auch. Dieser Teil ist tatsächlich für Sie wahr, weil ein Gefühl erst einmal als solches stehen bleibt. Gefühle sind nicht verhandelbar, mögen sie noch so subjektiv sein. Der zweite Teil des Satzes, nämlich, dass Benno immer alles besser weiß, hält aber der Überprüfung möglicherweise nicht stand. Nehmen andere Benno auch so wahr? Weiß er tatsächlich immer alles besser? Oder gibt es auch Zeiten, in denen Benno ein durchaus reflektierter Kollege ist? Diese zweite Überprüfung dient dazu, sich selbst aus dem automatischen Gedankenmuster herauszuholen: Einer verhält sich auf eine bestimmte Weise, und deshalb ist er schuld an meinen Gefühlen. Überhaupt ist er schuld an allem, und wenn er nicht wäre oder sich anders verhalten würde, wäre meine Welt so viel besser. Hätte ich gar keine Probleme.

Merken Sie es? Sie schieben Ihrem Kollegen eine Menge Verantwortung zu. Verantwortung, die Sie besser für sich übernehmen sollten, nämlich für Ihre Gefühle. Denn dass Benno Sie ärgerlich macht, dafür kann er tatsächlich nichts. Er mag ein Arschloch sein, aber wenn Sie zulassen, dass er auch noch für Ihren Ärger die »Schuld« trägt, dann geben Sie ihm viel zu viel Macht. Und fühlen sich machtlos … Behalten Sie besser die Verantwortung für die in Ihnen ausgelösten Gefühle bei sich. Es sind Ihre Gefühle! Schuld daran trägt niemand. Schuld ist ein kompliziertes, unnötiges Gedankenkonstrukt, bei dem niemand irgendetwas gewinnen kann. Lassen Sie es uns »Verantwortung« nennen.

Wer hat die Verantwortung für Gefühle? Sie selbst für Ihre und Ihr Gegenüber für seine. So einfach ist das. Gefühle sind die Folge von stressigen Gedanken, von Annahmen und Meinungen – und ja, sie entstehen, weil sie jemand durch sein Verhalten auslöst. Aber deshalb ist der oder die andere nicht für unsere Gefühle verantwortlich. Sondern ich kann entscheiden, ob ich mit diesen Gefühlen weitermachen will – oder nicht. So kommen Sie aus der Nummer mit der Hilflosigkeit heraus, die oftmals einen Konflikt, Ärger oder Wutanfall begleitet.

4. Ich hoffe, Sie folgen mir noch. Den nun kommt die sehr wichtige dritte Frage (nach »The Work«): **Wer sind Sie, und was fühlen Sie, wenn Sie Ihrem Gedanken Glauben schenken?**

Im Falle von Benno würde man zum Beispiel antworten: *Na ja, ich bin total wütend auf ihn, fühle mich vorgeführt, machtlos, lächerlich gemacht. Am liebsten würde ich den Spieß umdrehen und ihn vor allen anderen bloßstellen. Oder meine Vorgesetzte soll endlich erkennen, was für ein Idiot er ist, und ihn entlassen. Nur glaubt sie mir nicht, und deshalb bin ich auch noch total wütend auf meine Chefin.* Und so weiter und so fort. Also, da ist Ärger, Wut, da sind Rachegedanken, Hilflosigkeitsgefühle und Ohnmacht gegenüber einer für Sie unerträglichen Jobsituation. Alles ausgelöst durch einen stressigen Gedanken. (Wenn Sie nun sagen: *Nein, durch Benno!*, dann gehen Sie bitte noch einmal auf Los!)

5. Nun stellen Sie sich die vierte Frage: **Wer oder was wären Sie, wenn Sie den Gedanken nicht kennen würden?** Wie bitte? Was ist denn damit gemeint? Ja, stellen Sie sich vor, Sie würden auf Benno nicht so reagieren, wie Sie es beschrieben haben. Sondern er würde da im Gang stehen und seine Weisheiten absondern, und Sie würden nicht denken: Er weiß immer alles besser. Es ist nur ein Gedankenspiel, deshalb stellen Sie es sich einfach vor: Wie würden Sie sich fühlen, wenn Sie keine stressige Annahme über Benno hätten?

Oha, Sie wären gelassen? Könnten humorvoll mit der Situation umgehen? Souverän kontern? Ach, das ist ja interessant. Nur weil Sie einen stressigen Gedanken nicht gedacht haben ...

Die vier Fragen von »The Work« dienen dazu, aus dem Stress-Kontext eines Gedanken-Gefühls-Gebildes hinauszutreten. Aus dieser unheilvollen Gemengelage von starken Gefühlen und bewertenden Gedanken. Voraussetzung für die Befreiung aus Stress und Ärger ist, dass ich Verantwortung sowohl für meine Annahmen, Interpretationen, Meinungen wie auch für meine Gefühle übernehme. Dass ich alles, was mein Gehirn oder limbisches System so absondert, nicht für absolut wahr halte. Sondern bereit bin, einen Schritt zurückzutreten und mir Gedanken wie Gefühle aus der Distanz anzuschauen. Der dadurch entstehende Raum hilft, wieder klar zu werden, eine Situation anders zu sehen. Es tritt Entspannung auf geistiger und emotionaler Ebene ein; also genau das, was Sie und was die meisten Menschen wollen: Klarheit und Gelassenheit.

Aha, interessant, wenn ich mir vorstelle, dass ich den Gedanken nicht denke, kann ich mich ganz anders verhalten. Souveräner, humorvoller... der bessere Teil von mir übernimmt auf diese Weise die Oberhand.

Unter Stress zeigt jeder Mensch eine Seite von sich, die eng, verbohrt, kompromisslos ist. Wir werden zu unangenehmen Gegenübern für unsere Mitmenschen. Unser Denken und unsere Fähigkeit, in Lösungen zu denken, sind enorm eingeschränkt. Wohl fühlt sich kaum jemand damit.

Je mehr wir üben, stressige Gedanken und innere Überzeugungen zu erkennen, desto größer wird unser geistiger wie auch tatsächlicher Handlungsspielraum. Das Beispiel mit Benno zeigt es deutlich: Auf einmal ist es möglich, eine Situation so aufzulösen, dass Sie sich besser fühlen, stärker, nicht mehr machtlos. Gelassenheit lässt uns kreativer werden, leistungsstärker – Stress dagegen bindet unsere Kräfte, sowohl die geistigen als auch die, die es im Team braucht, um konstruktiv miteinander zu arbeiten. Es wäre doch großartig, wenn jede und jeder für seine Verhaltensweisen, sein Denken und für seine Gefühle auch die Verantwortung übernehmen würde. Dann wären Schuldzuweisungen, Blockadehaltungen, Nicht-kooperieren-Wollen abgeschafft. Was nicht heißt, dass Bürofrieden für immer einzieht. Das wäre zu idealistisch und würde langfristig auch zum Stillstand führen, denn »Konflikte sind die Geburt für Weiterentwicklung«, sagte bereits der russische Wissenschaftler Nikolai D. Kondratieff[6]. Aber damit wäre ich schon bei einem der nächsten Themen, nämlich: Wie geht eigentlich konstruktiv streiten?

Bevor wir dahin wechseln, gibt es noch zum Thema Gelassenheit viel zu sagen. Deutlich geworden ist hoffentlich, dass Gelassenheit erlernbar ist, dass es eine Eigenschaft ist, die ich in mir entwickeln kann. Auch wenn ich eher der Mensch bin, der schnell in die Luft geht. Gerade dann tut es Ihnen und Ihrer Umwelt gut, über Ihre Gedanken und Gefühle nachzudenken, und ob Sie mehr Verantwortung übernehmen können: für Ihre Gesundheit, für das Büroklima, für ein besseres Miteinander und und und.

Der erste Schritt, den ich Ihnen angeboten habe auf dem Weg zu mehr Gelassenheit, erscheint Ihnen möglicherweise als ein ziemlich großer. Ein Riesenschritt bzw. -programm. Dafür ist der zweite so einfach, dass Sie mit ihm auch einfach beginnen können. Es wäre gar nicht falsch und bringt auch tatsächlich viel, wenn Sie ab sofort **Pausen** in Ihren Alltag einbauen. Pausen? Dafür haben Sie wirklich keine Zeit? Alles ist doch schneller geworden, es wird von Ihnen wesentlich mehr in wesentlich weniger Zeit verlangt, und nun komme ich mit dem lächerlichen Pausen-Vorschlag? Ja, genau, denn in dieser ganzen durchdigitalisierten, beschleunigten Welt vernachlässigen wir die Basics unseres Menschseins, und das sind: Essen, Schlafen, Muße. Wenn Sie Pausen machen, könnte alles drei wieder in Ihr Leben einziehen (was sich doch ungemein effektiv anhört, kleiner Scherz).

Kleiner medizinischer Exkurs: Wenn wir durch unseren Tag hetzen, schon morgens beim Frühstück unsere Kinder zur Eile antreiben, im Büro die Mailflut möglichst vor dem ersten Meeting abgearbeitet bekommen wollen, am Rechner unser Mittagessen verzehren, uns mit Kaffee oder Matetee dopen, über andere wegen ihrer Unzuverlässigkeit oder Langsamkeit schimpfen, dann aktivieren wir pausenlos denjenigen Teil unseres Nervensystems, der für Aktivität zuständig ist, nämlich den Sympathikus. Im Laufe des Tages gleicht unser innerer Zustand damit einer nach oben steigenden Zickzackkurve.

Kennen Sie es, dass der innere Zustand im Laufe des Tages immer angespannter wird? Als ob sich eins zum anderen addieren würde und die innere Anspannung immer weiter steigt? Unkonzentriertheit, Fehler, Ärger, Gereiztheit bis hin zu Wutausbrüchen, Fressattacken, Müdigkeitsanfällen, Schlappheit, Lustlosigkeit sind die Folge eines überstrapazierten Nervensystems. Schlaflosigkeit, körperliche und seelische Probleme und last but not least eine Erschöpfungsdepression, der sogenannte Burn-out, können daraus ebenfalls entstehen.[7]

Der natürliche Rhythmus unserer inneren wie äußeren Welt ist jedoch dieser:

Ein (mehr oder weniger) regelmäßiges Auf und Ab. Der Lauf von Sonne und Mond, Ebbe und Flut, das Werden und Vergehen in der Natur, die Hormonkurve jeder Frau – ein Abwechseln von Aktivität und Passivität, also ein Wechsel von Sympathikus und Parasympathikus. Die Wellenform ist unser natürlicher Zustand und eben nicht die nach oben verlaufende Zickzackkurve.

Wie kommt man von der einen in die andere Bewegung? Zum Beispiel, indem man (gemäßigtes) Essen, (gesundes) Trinken, Schlafen (mindestens sechs Stunden), Ausgleich (Sport, Kultur, Muße) nicht länger vernachlässigt. Erinnern Sie sich an Ihren letzten Urlaub, soweit Sie tatsächlich einen gemacht haben. Denn auch das kommt leider allzu häufig vor, dass Menschen sich kaum noch Urlaub gönnen.

Stimmen Sie mit mir überein, dass wir im Urlaub meist Aktivität und Pausen abwechseln? Also zum Beispiel im Meer schwimmen und dann schön faul in der Sonne liegen. Oder mehrere Stunden wandern, um dann auf der Alm eine wohlverdiente Pause mit leckerem Essen einzulegen. Radfahren zum Landgasthof, in dem es so guten Kaffee und Kuchen gibt. Nur die wenigsten Menschen kommen auf die Idee, ihren Urlaub total zu verplanen und sich dabei keine Pausen zu gönnen. Denn dann wäre Urlaub ja nicht erholsam und würde seinen Zweck verfehlen.

Das Prinzip Urlaub können Sie auch auf Ihren Berufsalltag anwenden: Eine Aktivität wechselt sich mit einer Pause ab. Ich meine jetzt nicht eine Pause von einer halben Stunde! Eine Ein-Minuten-Pause würde schon reichen. Eine bewusst eingesetzte Pause, zum Beispiel immer dann, wenn Sie von einem Arbeitsvorgang in den nächsten wechseln. Also: E-Mails gecheckt, eine Minute entspannt aus dem Fenster gucken, mehrere Telefonate hintereinander führen, voller Bewusstheit den Gang in die Büroküche gehen, sich eine Tasse Kaffee oder Tee zubereiten und mit Achtsamkeit zurück an den Schreibtisch gehen. Nach dem anstrengenden Zwei-Stunden-Meeting erst einmal einen Apfel voller Genuss essen. Sie verstehen, was ich Ihnen vorschlage? Sie meinen immer noch, Sie hätten dafür keine Zeit? Probieren Sie es aus! Ich gehe jede Wette mit Ihnen ein, dass Sie nicht Zeit verlieren, sondern einsparen. Denn Multitasking, ständiges Gehetzt-Sein und pausenloses Arbeiten erhöhen zum einen unsere Fehlerquote (was bedeutet, dass Sie einen Vorgang noch einmal machen und dadurch die doppelte Zeit einsetzen müssen), zum anderen lässt es uns müde, gereizt, unproduktiv werden.

Mein Vorschlag der Ein-Minuten-Pause – oder von mehr Pausen generell am Tag – lässt Sie konzentrierter, erholter, leistungsstärker arbeiten. Fehler werden vermieden, Zeitverlust durch Missverständnisse oder Reibungen mit Kolleg*innen auch. Unglaublich, aber wahr: Durch Pausen gewinnen Sie Zeit! Um noch einmal Kondratieff zu zitieren: »Wenn wir nur 50 Prozent weniger streiten würden, wäre dies schon ein Wirtschaftsaufschwung.«

Sie wissen nicht, was genau Sie tun sollen? Sie wollen auch nicht, dass die Kolleg*innen blöde Scherze machen, wenn Sie sich im Büro aktiv um Ihre Entspannung kümmern? Hier ist meine Liste von einigen unauffälligen Möglichkeiten, eine Pause während der Arbeitszeit zu gestalten:

13 Tipps gegen den Wahnsinn der Zeit

Ideen für den Alltag, zum Entspannen, zur Entschleunigung, um besser mit dem Stress und der Hektik des Alltags umzugehen

- Sie erhalten Ihre Leistung und Freude am Tag am besten dadurch, wenn Sie dem natürlichen Rhythmus des Lebens (Einatmen – Ausatmen, Anspannung – Entspannung) folgen. Auf eine Leistungsphase folgt natürlicherweise immer eine Entspannungsphase. Um dieses Prinzip zur Gewohnheit werden zu lassen, reicht es aus, wenn Sie zum Beispiel nach jedem Arbeitsvorgang kurz innehalten, die Augen schließen und sich bewusst 1-2 Minuten Zeit nehmen, bevor sie weiterarbeiten.

- Sie können die »Mini-Pausen« variieren, zum Beispiel, indem Sie sich in den 1-2 Minuten an eine besonders schöne Situation erinnern oder an einen Menschen, den Sie lieben. Oder stellen Sie sich vor, dass Ihre Augen hinter den geschlossenen Lidern in weiche Kissen sinken. Bewusst 3-4-mal tief ein- und ausatmen ist zudem sehr entspannend für Körper und Geist.

- Wenn Sie während der Arbeit nicht die Augen schließen können, weil Sie sich von den Kolleg*innen beobachtet fühlen, dann können Sie auch einfach für eine kurze Weile aus dem Fenster schauen. Falls Sie in einem fensterlosen Büro sitzen, dann lassen Sie Ihren Blick auf einem schönen Gegenstand ruhen. Und versuchen Sie einmal, sich vorzustellen, dass nicht Sie den Gegenstand (oder die Wolken / die Bäume) anschauen, sondern dass die

28

Dinge Sie anschauen. Dann entspannt sich automatisch Ihr ganzes Gesicht mit allen Muskeln. Sehr gut also auch gegen Fältchen …

• Wenn Sie morgens aufwachen, nehmen Sie sich 5 Minuten Zeit, ihren Körper und ihre Gedanken wahrzunehmen. Springen Sie nicht gleich auf, sondern genießen Sie die wohlige Wärme des Betts und spüren Sie Ihren Körper. Gibt es Verspannungen oder Schmerzen? Was können Sie gleich für sich tun, damit Sie sich besser fühlen? Sehr wichtig ist es auch, die eigenen Gedanken und Gefühle am Morgen wahrzunehmen. Sind Sie bereits beim Aufwachen dabei, sich Sorgen zu machen oder in Hektik zu verfallen? Stellen Sie besser den Wecker 5 Minuten früher und üben Sie sich darin, die ersten Minuten Ihres Tages anders zu gestalten. Dankbar zu sein für alles, was man hat (fließend warmes Wasser, ausreichend zu essen …), ist eine der effektivsten Gedankenübungen, um Freude ins eigene Leben einzuladen.

• In der Mittagspause mit den Arbeitskolleg*innen essen zu gehen ist nicht immer auch gleichzeitig entspannend, weil man oft weiter über die Arbeit spricht. Versuchen Sie Themen zu finden, die unbelastet sind und Sie zum Lachen anregen. Oder nutzen Sie die Mittagspause dazu, mit Menschen zu sprechen, die Ihnen nahestehen. Sie können sich auch 1-2 Tage in der Woche dazu entscheiden, die Mittagspause allein zu verbringen, schweigend zu essen oder spazieren zu gehen. Körper und Geist erholen sich so am besten.

• Für den »Frische-Kick« während der Arbeit oder vor einer Besprechung eignet sich diese Übung hervorragend:

In der Mitte Ihres Brustbeins liegt Ihre Thymusdrüse. Klopfen Sie mit den Fingerspitzen mindestens 10-mal diesen Energiepunkt und atmen Sie dabei bewusst ein und aus. Auf diese Weise stärken Sie Ihr Selbstvertrauen, Ihr Immunsystem und damit Ihre Lebensenergie. Machen Sie es sich zur Gewohnheit, in stressigen Momenten diesen Punkt zu klopfen!

• Aus einem Müdigkeitstief hilft auch eine kurze Ohrmassage. Nehmen Sie hierfür Ihre Ohrmuscheln zwischen Daumen und Zeigefinger und massieren Sie von den Ohrläppchen aufwärts Ihre Ohren, bis sie warm und gut durchblutet sind. Sie können auch leicht an den Ohren ziehen, das entspannt zudem ihre Gesichts- und Kiefermuskulatur und damit auch die Nacken-Schulter-Partie. Wenn Sie die Übung nicht öffentlich machen wollen, gönnen Sie sich einen Gang aufs WC …

• Erledigen Sie nur eine Sache auf einmal. Dass Multitasking zu mehr Stress und Fehlern führt, ist mittlerweile wissenschaftlich erwiesen. Die Gleichzeitigkeit von mehreren Tätigkeiten überlastet das Gehirn und führt deshalb zu Unkonzentriertheit und einer erhöhten Fehlerquote. Das heißt, Sie müssen einen Vorgang wiederholen oder etwas im Nachhinein richtigstellen und verlieren damit Zeit, statt sie zu gewinnen. Also besser: eins nach dem anderen! Auch im Sinne von Gesundheitsfürsorge: eine Ursache von Burn-out liegt in der Überlastung des Gehirns durch zu viele gleichzeitige Reize.

• Versuchen Sie mindestens einmal in der Woche abends auf elektronische Medien zu verzichten. Handy und Computer bleiben aus, der Fernseher ebenfalls. Experimentieren Sie mit Ihrer freien Zeit. Wonach steht Ihnen der Sinn? Ab in die Badewanne? Gemütlich aufs Sofa und in Zeitschriften schmökern? Wenn Sie Freunde treffen, fragen Sie sie doch einmal, ob Sie vor dem Kino oder der Kneipe noch Lust auf einen Spaziergang haben. Bewegung ist das beste Mittel, um schlechte Laune zu vertreiben und die Hektik des Tages hinter sich zu lassen.

• Nutzen Sie unerwartete Pausen, um sich in eine gute Balance zu bringen. Statt sich also über die lange Schlange an der Supermarktkasse zu ärgern, bedanken Sie sich für die freie Zeit. Denken Sie an etwas Schönes, konzentrieren Sie sich auf Ihren Atem oder Herzschlag. Jede Minute, die Sie für sich zu nutzen wissen, erhöht Ihre Lebensfreude und Gelassenheit.

• Stellen Sie sich immer mal wieder während des Tages eine Skala von 1 bis 10 vor. 10 steht für »Mir geht es großartig!«. Wie fühlen Sie sich im Moment? Ganz gleich, ob Sie sich bei 1 einordnen oder bei 7, wichtig ist die Frage danach: »Was kann ich jetzt für mich tun, damit ich mich auf der Skala ein wenig weiter Richtung 10 bewege?« Automatisch werden Sie eine Pause einlegen, sich etwas Gutes gönnen oder etwas sein lassen. Niemand kann so schnell und einfach gut für sich sorgen wie Sie selbst!

• Eine sehr effektive Übung, um die eigene Stimmung zu heben, ist es, sich immer mal wieder am Tag zu fragen: »Was habe ich heute gut gemacht?« Lassen Sie den bisherigen Tag gedanklich Revue passieren und bemerken Sie anerkennend, wie viel Sie schon getan haben und wie oft Ihnen etwas gut gelungen ist. Frauen neigen mehr als Männer dazu, sich selbst allzu kritisch zu betrachten. Entlassen Sie die »innere Kritikerin« und gewöhnen Sie sich besser an, sich wohlwollend wie eine gute Freundin zu betrachten.

13. Falls Sie sich fragen, wieso eigentlich so viele Wellness-Tipps die Anregung geben, sich auf den eigenen Atem zu konzentrieren, hier die Antwort: Ihren Atem »tragen« Sie immer bei sich, und damit kann er Ihr »Anker« für Entspannung und Achtsamkeit werden. Wann immer Sie sich gehetzt, überfordert, genervt fühlen, richten Sie Ihre Konzentration für ein paar Minuten auf Ihren Atem. Sie werden schnell bemerken, wie diese Entschleunigung Ihr gesamtes Körper-Geist-System angenehm entspannt. Je öfter Sie sich am Tag nur auf Ein- und Ausatmen konzentrieren, desto einfacher wird Ihr Leben werden. Denn alles Komplizierte löst sich durch Reduktion auf.

Ganz sicher habe ich nicht alles gesagt zum Thema Gelassenheit. Aber für einen Einstieg wird es reichen. Wenn ich Sie auf den Geschmack gebracht habe, dann schauen Sie sich doch einmal nach einem Achtsamkeitskurs in Ihrer Nähe um, auch MBSR-8-Wochen-Kurs genannt (Mindful Based Stress Reduction). Ganz zufällig biete ich auch Achtsamkeits-Wochenendkurse im Kloster an;).[8]

3. Wie gehe ich mit Wut und Ärger im Job um?

Immer wieder sitzen mir Frauen im Coaching gegenüber, die mit mir über ihre »zu hohe Emotionalität« sprechen möchten und wie sie diese im Job besser gehändelt bekommen. Und es gibt Männer (sowie einige Frauen), die sagen, dass sie Schwierigkeiten haben mit emotional aufgebrachten Menschen, dass ihnen dafür irgendetwas fehlen würde, Empathievermögen oder so. Und ob man das lernen könnte.

Emotionalität im Job – ein schwieriges Thema für viele. Wenn ich etwas genauer nachfrage, stellt sich heraus, dass es im Privaten auch nicht viel einfacher ist. Manchmal sogar noch schwieriger, denn im Job halten wir uns in der Regel an einen Verhaltenskodex, der in privaten Situationen schneller über Bord geworfen wird. Im Beruf erlauben wir uns oftmals nicht, aufbrausend, laut, vorwurfsvoll oder gar wütend zu sein. Und was so gar nicht geht, sind Tränen.

Auf der einen Seite richtig, dass wir uns im Job um Fairness und Zusammenarbeit bemühen, andererseits geht die vornehme Zurückhaltung oftmals auch nach hinten los. Ärger muss geklärt werden, und wenn man dies nicht tut, dann findet er andere Bahnen. Dann wird über jemanden geredet statt mit ihm, dann schreibt man endlos viele genervte E-Mails hin und her, obwohl man nur zwei Büros voneinander entfernt sitzt, dann wird gelästert oder Front gegen jemand gemacht, schlimmstenfalls ausgegrenzt oder gemobbt. Emotionen im Job lassen sich also nicht einfach wegradieren, unser Gefühlsleben ist während unserer Arbeitszeit ebenso anwesend wie nach Feierabend. Was wir brauchen, ist einen erwachsenen Umgang mit Gefühlen – und den haben die wenigsten gelernt.

Eigentlich könnte ich auf das Kapitel 2 verweisen, denn

starke Gefühle sind ebenso wie stressige Gedanken eine mächtige Quelle unseres menschlichen Leids. Das Problem dabei ist, dass wir annehmen, dass unsere Gefühle nicht kontrollierbar und wir ihnen machtlos ausgeliefert seien. Stimmt jedoch nicht. Unsere Unwissenheit führt uns nicht aus dem Nebel heraus, ganz im Gegenteil: Allein Bewusstheit bringt Licht ins Dunkel. Wir tun gut daran, mehr über unser Innenleben zu wissen, um mehr und mehr zu erfahren, wer wir eigentlich sind, wie wir ticken und welche Gefühle uns gerade regieren. Man braucht dafür lediglich die Bereitschaft, sich selbst zu beobachten, mit einer interessierten, zugewandten Haltung: *Schau einmal an, da ist doch gerade der Wutknopf bei mir gedrückt worden. Aha, das ist ja jetzt spannend, was die Äußerung der Kollegin gerade bei dir auslöst. Ist das nicht dein altes Thema, dass du denkst, du müsstest immer besser sein, immer mehr leisten?*

Sie finden die Vorstellung, sich mehr zu beobachten, spooky? Das kann doch nicht die Lösung sein? Die Menschen müssten sich einfach ein wenig mehr zusammenreißen, wieder Manieren lernen und ihre Probleme zu Hause lassen? Schöne Ideen, aber glauben Sie tatsächlich, dass von außen aufgelegte Regeln die Bereitschaft von Menschen, sich weniger emotional zu verhalten, verändern? Möglicherweise funktionierte diese Strategie im Arbeitsleben der Nachkriegsgeneration, aber heute bei all diesen ausdifferenzierten Individualisten, uns selbst eingeschlossen? Ich habe da meine Zweifel …

Sich selbst besser zu kennen, indem man beim Auftauchen von stressigen Gefühlen und Gedanken in die Beobachterrolle geht, statt diese sofort auszuagieren, heißt Verantwortung für sich selbst zu übernehmen. Und zwar komplett: für die eigenen Einstellungen, Vorurteile, Bewertungen, Gedanken, Gefühle … seien sie noch so unangebracht in der Situation.

Nicht der oder die andere ist »schuld«, dass ich jetzt so wütend bin, sondern die Wut ist in mir ausgelöst worden, und ich übernehme für dieses starke Gefühl die Verantwortung. Ich begebe mich nicht in eine »Opferrolle«, weise nicht mit dem Finger auf den anderen, dass er oder sie mich in diese missliche Lage gebracht hat. Stattdessen versuche ich zunächst zu begreifen, was gerade mit mir geschieht, und mich innerlich zu beruhigen. Denn erst wenn ich wieder bei mir bin, mich das Gefühl nicht mehr komplett beherrscht, kann ich auf eine Lösung für die Situation kommen. Seit einiger Zeit wird diese Vorgehensweise auch mit »agilem Mindset« beschrieben. Ich reagiere beweglich, agil, statt automatisch aus dem Affekt heraus. Ich bin bereit, die Position meines Gegenübers wie auch meine inneren Mechanismen zu reflektieren. Ich suche nach neuen Möglichkeiten, statt in festgefahrenen Mustern zu verharren.

In den Anfangsjahren meiner Selbstständigkeit habe ich eine Technik kennengelernt, die ich bis heute für äußerst effektiv halte, was den Umgang mit schwierigen Gefühlen angeht. Sie ist ebenso gut anwendbar für Gefühle der Ablehnung wie Angst, Panik, Ärger, Wut, Trauer, Gier, Neid, Kränkung, Eifersucht wie für übersteigerte positive Gefühle, die dazu führen, andere Menschen manipulieren oder festhalten zu wollen (zum Beispiel: *Ich möchte unbedingt von dir geliebt werden. Wenn du dich anders verhalten würdest, wäre ich viel glücklicher* etc.). Der Clou der Technik besteht darin, sich aus der Identifikation mit dem starken Gefühl zu befreien, sich von diesem zu distanzieren. Hier die genaue Abfolge:

Umgang mit schwierigen Gefühlen

Erforschen	Was ist das? Was passiert mit mir?
Benennen	Einordnen Innere Distanz zum Gefühl Raus aus der Identifikation, z. B. »Da ist Wut« statt »Ich bin so wütend«.
Tolerieren / Akzeptieren **Wahrnehmen**	Gefühle / Gedanken kommen und gehen lassen, Abwarten Aushalten Nicht destruktiv gegen sich oder andere agieren »Da ist …« so lange wiederholen, bis man sich beruhigt, einen klaren Kopf bekommt.
Handeln?	Manchmal braucht es anschließend keine Hand- lung oder Klärung mehr, weil man nun die Verant- wortung für das Gefühl übernehmen kann. Manchmal aber doch, dann: Klärung / Kritik- gespräch, möglichst ohne »Du-Botschaften, Vor- würfe, Abwertungen«.

Unsere erste Reaktion, wenn Ärger, Angst oder andere unangenehme Emotionen auftauchen, ist in der Regel: »Ich will das nicht fühlen. Ich will die Erfahrung loswerden.«

Stattdessen könnten Sie einmal das Gegenteil ausprobieren, indem Sie sich dem Gefühl zu- statt abzuwenden: Was genau fühlen Sie gerade? Wo spüren Sie dieses Gefühl im Körper? In welchem Gefühlskonglomerat befinden Sie sich momentan? Ist es eine Emotion oder sind es mehrere? Wut ist zum Beispiel oft gekoppelt mit dem Gefühl der Hilflosigkeit oder Ohnmacht. Gefühle des Versagens oder der Überforderung werden von Angst begleitet. Jemanden festhalten oder an sich binden zu wollen mag Liebe gepaart mit Gier sein.

Stoppen Sie das Drama, das die Gefühle üblicherweise aufführen wollen, indem Sie sich von der Emotion distanzieren. Benennen Sie die Gefühle: Statt »Ich bin wütend« / »Ich bin traurig« / »Ich fühle mich hilflos« sagen Sie: »Da ist Wut« / »Da ist Traurigkeit« / »Da ist Hilflosigkeit«.

Die Distanzierung hilft enorm; man kommt auf diese Weise aus der engen Identifikation mit einem Gefühl heraus. Die Emotion, die einen gerade noch fest im Griff hatte, wird sich durch die Benennung und Distanzierung beruhigen. Manchmal dauert dies eine ganze Weile. Ich kann Sie nur ermutigen, dabei zu bleiben. Sagen Sie kontinuierlich »Da ist …«, statt sich weiter in den Strudel der Emotionen reißen zu lassen. Ich selbst habe diese Technik unzählige Male angewandt und bin begeistert. Irgendwann ist man tatsächlich raus aus diesem alles einnehmenden Gefühl oder Emotionschaos. Eine Beruhigung auf Körper- und Geistebene tritt ein. Der Kopf wird wieder klar, und es ist möglich, konstruktiv über die nächsten Schritte nachzudenken.

»Benennt den Geist, der mit Freude gefüllt ist, und benennt den Geist, der mit Ärger gefüllt ist, und benennt das Auftauchen und Entschwinden von Erfahrungen. So wird euer Verständnis auf natürliche Weise wachsen.« (Buddha)

Ich habe diese Technik vor vielen Jahren auf einem Seminar kennengelernt und vermittle sie seitdem sehr gern. Auch erlebe ich, wie viele Menschen dankbar dafür sind, einen Weg aus ihren Emotionen zu finden, ohne dass sie diese unterdrücken bzw. wegdrücken müssen. Denn Letzteres ist nicht die Lösung. Es braucht eine Zeit, in der die Gefühle sein dürfen und auch ausgedrückt werden (müssen). Auf ein Kissen schlagen, im Auto oder im Wald laut brüllen, sich durch Sport auspowern, sich in den Armen eines lieben Menschen ausweinen – all dies hilft. Nur im Büro ist kein Kissen, kein Wald, und ausheulen wollen wir uns auch nicht vor den Kolleg*innen … deshalb: Probieren Sie die Distanznahme aus. Sie hilft, um klar zu werden.

Noch eine Anmerkung: Durch die bewusste Wahrnehmung und den achtsamen Umgang mit Gefühlen werden diese immer »unpersönlicher«, Sie können ihr Auftreten und Verschwinden vielmehr wie Wolken am Himmel beobachten. Zudem verlieren Sie dadurch die Angst vor schwierigen Gefühlen oder dass Sie zu emotional reagieren. Sie sind eben nicht Ihre Gefühle, sondern Sie haben welche. Das ist ein großer Unterschied. Wenn Sie dies verstanden haben, lassen Sie sich auch nicht mehr so schnell von anderen eine zu hohe Emotionalität oder Sensibilität auf den Kopf zusagen. Dadurch, dass Sie sich nicht länger mit den Emotionen oder den Gefühlsdramen identifizieren, verändert sich auch Ihr Selbstbild hin zu mehr Souveränität. Denn nun werden Sie wieder (innerhalb einer angemessenen Zeit) handlungsfähig!

Und noch etwas: Es ist ungewöhnlich und nicht einfach, wenn man sich unverstanden, einsam oder traurig fühlt, einfach alles so stehen zu lassen, ohne etwas zu tun. Doch jedes Mal, wenn Sie auf diese Weise mit schwierigen Gefühlen umgehen, üben Sie sich im Mitgefühl mit sich selbst. Und was gibt es Besseres in einer emotional schwierigen Situation als jemanden, der oder die mitfühlend mit Ihnen ist. Nun sind Sie diese Person selber;). Sie werden auf diese Weise auch unabhängiger von anderen, lernen gut oder besser für sich selbst zu sorgen, und sich selbst wieder ins Lot zu bringen. Ihre Selbstmanagement-Fähigkeiten erweitern sich also enorm. In agilen Zeiten sind diese Tools unerlässlich.

»Gewaltfreie Kommunikation« für den Umgang mit schwierigen Gefühlen

Ebenfalls sehr wirkungsvoll ist die Methode oder, besser ausgedrückt, der Weg der »Gewaltfreien Kommunikation« (GfK). Gewaltfrei hört sich etwas seltsam an, meint jedoch schlicht und ergreifend: friedvoll, also Kommunikation auf eine Weise, die Verbindung zwischen Menschen schafft und nicht Zerstörung. Marshall Rosenberg, der Begründer von GfK, wendet seine Methode selbst in Ländern an, in denen Krieg und Zerstörung stark verfeindete Parteien geschaffen haben – mit Erfolg! Das Besondere an GfK ist, dass hinter die Gefühle geschaut wird, und zwar mit der Frage: »Welches Bedürfnis wird nicht erfüllt?« Man geht also davon aus, dass hinter jedem stressigen Gefühl (Eifersucht, Neid, Wut, Ärger, Panik, Trauer, Verbitterung usw.) ein nicht erfülltes Bedürfnis steht und, wenn man genauer hinschaut, sich die eigentliche Ursache des Konflikts oder Stresses zeigt.

Besonders wirkungsvoll ist GfK bei Gefühlen wie Wut und Ärger, deshalb will ich diese hier als Beispiel nehmen. Wie bei der vorgestellten Methode der Distanzierung ist auch in der Gewaltfreien Kommunikation die Annahme wichtig, dass von anderen ausgelöste Gefühle meine Emotionen sind, also ich für sie die Verantwortung trage und nicht die- oder derjenige, durch die sie ausgelöst wurden. Ohne die Annahme von Selbstverantwortung ist ein konstruktiver Umgang mit schwierigen Gefühlen nicht möglich.

Ich wundere mich immer wieder, dass Verantwortungsübernahme nicht als eine grundlegende Tugend im Elternhaus oder in der Schule gelehrt wird. Sie ist der Schlüssel für sehr viele Themen im Leben. So auch bei dem Umgang mit Ärger oder Wut.

Die meisten Menschen haben gelernt, diese Gefühle entweder zu unterdrücken oder herauszubrüllen. Letzteres oftmals als Folge der Unterdrückung. Also, wenn ich lange genug versucht habe, etwas nicht zu fühlen, dann explodiert irgendwann der Kessel. Und der Druck ist so groß, dass nur noch zerstörerische Worte herauskommen. In der GfK sagt man dazu recht bildlich »Wolfssprache«.

Ebenfalls nicht gelehrt wurde, dass wütende oder ärgerliche Gefühle positive Kräfte enthalten, nämlich die der Selbstbehauptung, der Entscheidung und der Klarheit. Wenn wir Ärger oder Wut spüren, müsste eigentlich eine Alarmglocke klingeln. Wir fühlen, dass irgendetwas nicht stimmt, sich nicht richtig für uns anfühlt. Doch leider haben wir nicht gelernt, diesem Gefühl einen unmittelbaren Impuls folgen zu lassen, nämlich schnell und klar das ungute Gefühl zu benennen und/oder »Stopp« zu sagen. Wenn wir dies tun würden, würden wir rasch eine Situation benennen und klären können, ohne dass ein allzu großer Konflikt entstehen würde. Doch wie schon gesagt, das wurde nicht gelernt und muss nun im Erwachsenenalter erst einmal erkannt und als neue Verhaltensweise erlernt werden.

Marshall Rosenbergs Vorschlag für einen konstruktiven und gesunden Umgang mit schwierigen Gefühlen sieht so aus:

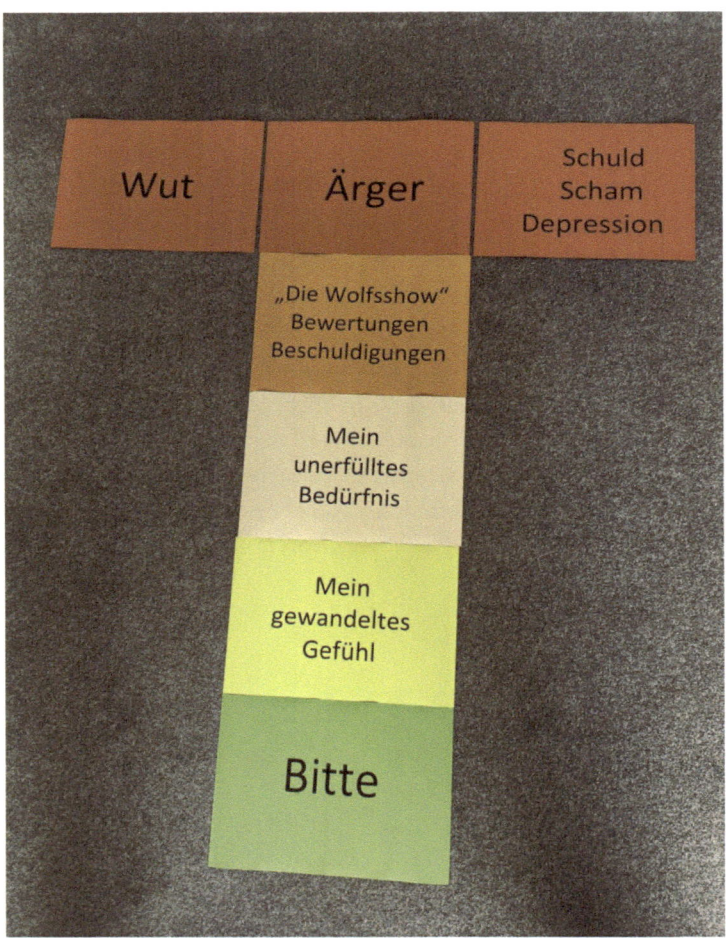

1. Schritt: Den Auslöser für Wut (= nach außen gerichtete Aggression) oder für Schuld-, Scham-, Depressionsgefühle (= nach innen gerichtete Aggression) erkennen.

Frage: »Kann ich meine Gefühle akzeptieren? Darf ich den Ärger fühlen?«

Die Akzeptanz meiner Gefühle ist die Grundlage dafür, dass ich mit ihnen einen konstruktiven Prozess durchlaufen kann. Die Bejahung ist das Gegenteil von Beschwichtigung, Herunterspielen oder Unterdrücken. Selbstvorwürfe oder nach innen gerichtete aggressive Gefühle wie Scham, Schuld, Depression werden auf diese Weise gestoppt.

2. Schritt: Die »Wolfsshow« beginnt. Ich äußere alle Bewertungen und Beschuldigungen, die ich über mein Gegenüber habe. Oftmals drücken sie sich durch »Sollte«-Vorwürfe aus: »Der sollte mal …«, »Die sollte endlich …«

Ich lasse alle Beschuldigungen raus, es tut gut, die Vorwürfe laut auszusprechen. Gleichzeitig bin ich mir bewusst, dass ich abwerte oder jemanden für sein Verhalten bewerte und die Schuld für meinen Ärger allein beim Gegenüber platziere.

3. Schritt: Nun kommt die wichtige Frage: Welches unerfüllte Bedürfnis steckt hinter meiner Wut, meinem Ärger? Zum Beispiel: Das Bedürfnis, gesehen werden zu wollen, nach Wertschätzung, Verbindung, Schutz, nach Unterstützung oder Ruhe, Frieden, Freude …

4. Schritt: Wenn man das Bedürfnis ergründet hat, fragt man sich anschließend: Welches Gefühl entsteht nun in mir? Der Ärger, die Wut wird von dem eigentlichen Gefühl, zum Beispiel von Trauer, abgelöst. Nun bin ich am Ausgangspunkt meines Stresses angelangt, aus diesem Grund bin ich ärgerlich oder wütend geworden. Ich habe mich zum Beispiel alleingelassen gefühlt, deshalb versteckt sich hinter der Wut auch die Trauer.

5. Schritt: Welche Bitte an mein Gegenüber oder auch an mich selbst entsteht hieraus? Nun ist man fern von den Vorwürfen der »Wolfssprache« und kann eine Bitte formulieren, die Verbindung und im besten Fall Frieden zwischen mir und dem oder der anderen schafft.

Aus diesem Ablauf der Gewaltfreien Kommunikation leiten sich auch die »Drei Schritte einer Konfliktklärung« ab, die ich im nächsten Kapitel erläutere. Beide Methoden (Distanzierung und GfK) setzen darauf, dass schwierige Gefühle zunächst mit sich selbst geklärt werden, bevor man jemand anderes mit ihnen konfrontiert. Ich denke, es ist deutlich geworden, dass es nicht um ein Unterdrücken von Gefühlen geht, sondern im Gegenteil um eine Verwandlung von stressigen Gefühlen in klare Gedanken und friedvolle Sprache.

Fotografiert auf einem Barcamp in Köln

4. Next step: Konfliktklärung
oder: Wie geht eigentlich fair streiten?

Manches Mal besteht nach der Klärung der eigenen Gefühlslage kein Handlungsbedarf mehr. Dann hat sich das Innere beruhigt, und man versteht, dass diese ganze Gefühlsaufwallung eher mit dem Trainingslager der eigenen Kindheit zu tun hatte als mit der realen Situation.

In anderen Fällen besteht jetzt erst recht Klärungsbedarf. Denn es ist klar geworden, dass das kränkende Gefühl tatsächlich von einer Kollegin oder einem Vorgesetzten ausgelöst wurde. Nun stellt sich die Frage, wie man auf eine konstruktive Art und Weise Feedback gibt, ohne wiederum Kränkung oder Ärger auszulösen.

Als sinnvoller Aufbau eines Feedback- oder Klärungsgesprächs haben sich diese drei Schritte erwiesen[9]:

1. Unterscheidung zwischen Fakten und Interpretation

Zur Vorbereitung eines Konflikt- oder Feedbackgesprächs ist diese Unterscheidung unerlässlich. Fakten heißt: Welches Verhalten von Ihnen und Ihrem Gegenüber konnte tatsächlich beobachtet werden? Was wurde tatsächlich gesagt (Wortlaut), und was haben Sie darüber gedacht, daraus »gemacht«? Letzteres gehört nicht in Ihre Gesprächseröffnung! Wenn Sie ausschließlich mit der Aufzählung der Tatsachen bzw. der Schilderung des Vorgefallenen beginnen, beschreiben Sie ohne Wertung und haben so die größte Chance, auch angehört zu werden. Wenn wir sogleich unsere Interpretationen mit der Eröffnung aussprechen, bringen wir unser Gegenüber schnell gegen uns auf (weil seine/ihre Wahrnehmung des Geschehenen eine andere ist).

2. Ihr Gefühl, das durch die Störung ausgelöst wird, benennen
Wie erging es Ihnen mit der Situation? Wie haben Sie sich gefühlt?

Nach der Aufzählung der Fakten haben Sie nun Raum, um über Ihre Gefühle zu sprechen. Wichtig dabei ist, dass Sie tatsächlich ausdrücken, wie es Ihnen ergangen ist bzw. was Sie noch immer fühlen. Benennen Sie dabei die Qualität Ihres Ärgers so genau wie möglich: Fühlen Sie sich verletzt, gereizt, entrüstet, wütend, empört, erbittert, aufgebracht, peinlich berührt, gequält, gekränkt, belästigt, beleidigt?

Je exakter Sie Ihren Gefühlszustand beschreiben können (»Ich bin wütend auf dich, weil ich schrecklich enttäuscht bin, dass du mich belogen hast«), umso eher können Sie auf Verständnis hoffen. »Ich bin eben einfach sauer« hingegen ist eine so allgemeine, schwammige Äußerung, dass sie wenig zum besseren Verständnis beitragen kann. Zudem sind Verallgemeinerungen wenig hilfreich, das müsste sich mittlerweile herumgesprochen sein. Worte wie »nie«, »immer« bitte in Klärungsgesprächen ebenso vermeiden wie Du-Anklagen.

Ein Beispiel: Ein Bekannter lässt Sie zum wiederholten Mal 30 Minuten warten. Die Botschaft »Ich bin schon enttäuscht, dass du mich immer wieder warten lässt« wird bei Ihrem Gegenüber vermutlich nur ein »Es tut mir so leid, liebe/r XY … ich verspreche dir, dass es nicht mehr vorkommt« auslösen.

Der Grund: Er weiß nicht, dass Sie in diesem Verhalten eine fehlende Wertschätzung sehen. Deshalb dieser Vorschlag: »Es ist jetzt mehrfach vorgekommen, dass du mich warten lässt. Ich bin schon sehr enttäuscht, weil ich mir vorkomme, als wäre dir das nicht wichtig, mich zu treffen.« Es ist also wichtig, dass Sie im Vorfeld genau klären, welche Ihrer Gefühle verletzt wurden.[10]

Ein anderes Beispiel: Eine Kollegin erzählt eine vertrauliche Information in der Büroküche weiter. Vermutlich kochen Sie vor Wut. Dennoch sollten Sie jetzt nicht aus dem Kopierraum stürmen und die Kollegin direkt und vor den anderen auf ihren Geheimnisverrat hinweisen. Am besten, Sie tun das nicht einmal am selben Tag. Denn Wut muss sich erst einmal legen und in Ärger abschwächen, bevor wir diesen ausdrücken können. Auch wenn es noch so in Ihnen rumort: Schlafen Sie darüber – und sprechen Sie die Kollegin am nächsten Tag unter vier Augen an: »Ich habe gestern zufällig mitbekommen, wie Sie Frau XYZ weitererzählt haben, dass … Ich hatte Sie gebeten, diese Information vertraulich zu behandeln. Nun fühle ich mich hintergangen und habe das Gefühl, Ihnen nicht mehr vertrauen zu können.« Die Kollegin wird ihren Fehler besser eingestehen können und sich der Folge ihres Handelns bewusst sein, als wenn Sie sie direkt vorwurfsvoll konfrontiert hätten. Dann hätte sie wohlmöglich nur alles abgestritten und Sie wären mit Ihrem berechtigen Ärger bei ihr nicht angekommen.

3. Konkreten Wunsch oder Lösungsvorschlag aussprechen

Was genau lindert den Ärger auf den Bekannten oder die Kollegin? Welches zukünftige Verhalten wünschen Sie sich? Hier dürfen und sollten Sie nun einen konkreten Wunsch oder Lösungsvorschlag äußern. Also: »Ich bitte dich, mich nicht mehr warten zu lassen, sondern rechtzeitig bei Verspätungen zu informieren.« Und: »Ich möchte, dass Sie mir zum einen erklären, warum Sie die Information weitergegeben haben – und zum anderen, dass Sie mich bei einem nächsten Mal um Erlaubnis bitten, etwas Anvertrautes weitergeben zu dürfen.«

Wenn es Ihnen schwerfallen sollte, Ihre Gefühle in Worte zu fassen oder eine Bitte zu formulieren, können Sie sich auch fragen, welches Bedürfnis durch den Konflikt nicht erfüllt wurde. Für manche Menschen ist der Zugang über die Bedürfnisse leichter, um auf die verletzten Gefühle zu kommen und daraus einen Wunsch abzuleiten.

Merke: Ein Feedback- oder Konfliktgespräch ist nichts, was mal eben angegangen wird! Es braucht Vorbereitung und die innere Klärung über die Ereignisse: was tatsächlich passiert ist, welche Gefühle in Mitleidenschaft gezogen wurden und welche Interpretationen oder Bewertungen dadurch in einem selbst entstanden sind. In wichtigen Fällen und auch bei Ärger auf die Chefin, die Bereichsleitung oder andere »höhergestellte« Personen sollte die Vorabklärung von Fakten, Gefühlen/Bedürfnissen, Wünschen schriftlich erarbeitet werden. Es ist kein Zeichen von Schwäche, wenn man mit seinen vorbereiteten Notizen in ein Gespräch geht, sondern signalisiert vielmehr dem Gegenüber Wertschätzung und Respekt.

Nun ist es ja leider so, dass auch ein nach allen Regeln der Kunst vorbereitetes Gespräch aus dem Ruder laufen kann. Dass Sie zwar genau nach den geschilderten drei Schritten und mit bestem Vorsatz das Gespräch eröffnen, Ihr Gegenüber jedoch nicht so idealtypisch reagiert wie hier dargestellt – oder noch unangenehmer: Streit sucht statt Einigung. Was können Sie dann tun? Für diesen Fall ist es sinnvoll, sich einmal die Unterschiede zwischen fairem und unfairem Streitverhalten anzuschauen[11]:

Berufliches Streitverhalten

Fair:

- Gesprächstermin verabreden, Beschwerdepunkte zahlenmäßig benennen

- zeitlich abgestimmt und situationsgerecht (ggfs. vertagen), Zeit nehmen für notwendigen Prozess

- klare Aussagen mit aktuellen Beispielen (störendes Verhalten)

- eigenverantwortliche Ich-Botschaften: »Wie wirkt sich das störende Verhalten auf mich aus?« (eigene Wünsche/Bedürfnisse)

- Respektieren der Brust-/ Gürtellinien

- keine neuen Beschwerden ins Gespräch aufnehmen

- Absichten und Gefühle ehrlich mitteilen (Bedürfnisse und Interessen statt Lösungen!)

- einfühlend zuhören (verstehen wollen!) und Zeit lassen (Recht auf Pause)

- flexible Miniveränderungen (Kompromisse)

- konkrete Vereinbarungen

- guter Humor und Spaß

Regelwidrig:

- aus dem Hinterhalt zuschlagen (und weglaufen)

- plötzlich, zeitlich unbegrenzt und unpassend;
  auf einer unmittelbaren Lösung beharrend

- vage, abstrakte,verallgemeinernde, indirekte, ab-
  wertende Formulierungen (»nie«, »immer«, »typisch«)

- Vorwürfe, Verhaltensanweisungen,
  Schuldzuweisungen, Forderungen, Abwertungen
  und Beurteilungen; andere Leute werden zitiert

- unter die Brust-/Gürtellinie schlagen,
  Wunden/Schwächen als Waffe benutzen

- unbegrenztes Überschütten mit Vorwürfen
  (»Klageliste«)

- maskiert, zugeknöpft, täuschend, indirekt;
  rechthaberisch, urteilend

- unterbrechen, mit eigener Argumentation
  beschäftigt sein; etwas unterstellen

- rigide, maximale Veränderungsforderungen

- Unverbindlichkeit

- Ironie, spöttischer Sarkasmus, lächerlich machend

Streit und Auseinandersetzung gelingen, wenn wir uns an die Regeln halten. Dann treten wir mit Interesse an unserem Gegenüber auf, sind bereit, zuzuhören und die Meinung des oder der anderen zuzulassen. Wir öffnen uns und zeigen uns durchaus auch verletzlich bzw. mit unseren Gefühlen. Wenn ich mit jemandem eine konstruktive Auseinandersetzung führen will, übernehme ich Verantwortung für meine Gefühle, für meine Gedanken, Bewertungen und für mein Verhalten. Wenn mein Gegenüber dies ebenso hält, führt ein Streit zu einer gemeinsamen Entwicklung, zu einem neuen Verständnis über die auslösende Situation und uns als Beteiligte.

Streit und Auseinandersetzung gelingen nicht, wenn sich einer oder beide unfair verhalten. Dann kann ein Streit so eskalieren, dass man sich nur noch in einem Machtkampf befindet, im Modus von Rechthaben und Verletzenwollen. Um so früh wie möglich eine Eskalation zu verhindern, ist es ratsam, die Gesprächspartner auf sein oder ihr unfaires Verhalten aufmerksam zu machen. Das heißt, ich begebe mich von der Sachebene des Konflikts auf die Beziehungsebene und kläre zunächst das Verhalten. Im besten Fall ist der oder die Streitpartner*in gewillt, zu fairem Verhalten zurückzukehren.

Die meisten Menschen haben Angst vor Streit und Konflikten, jedenfalls erlebe ich dies immer wieder in Seminaren und im Coaching. Meine These dazu ist, dass faires Streiten etwas ist, das man lernen kann, aber eben nicht gelernt hat. Je mehr man (und frau) sich mit dem Thema befasst, desto mehr verliert sich auch die Angst vor Konflikten.

Für alle, die mehr Hintergrundwissen schätzen, noch dieser Exkurs:

Friedrich Glasl, ein österreichischer Organisationsberater, hat 1980 ein »**Phasenmodell der Eskalation**« entwickelt. Er unterscheidet hier neun Stufen der Eskalation von Konflikten[12] und drei Phasen:

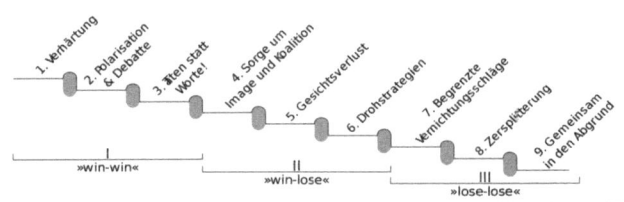

1. Ebene (Win-Win)

Stufe 1 – Verhärtung

Konflikte beginnen mit Spannungen, z. B. gelegentliches Aufeinanderprallen von Meinungen. Es ist alltäglich und wird nicht als Beginn eines Konflikts wahrgenommen. Wenn daraus doch ein Konflikt entsteht, werden die Meinungen fundamentaler. Der Konflikt könnte tiefere Ursachen haben.

Stufe 2 – Debatte

Ab hier überlegen sich die Konfliktpartner Strategien, um den anderen von ihren Argumenten zu überzeugen. Meinungsverschiedenheiten führen zu einem Streit. Man will den anderen unter Druck setzen. Schwarz-Weiß-Denken entsteht.

Stufe 3 – Taten statt Worte

Die Konfliktpartner erhöhen den Druck auf den jeweils anderen, um sich oder die eigene Meinung durchzusetzen. Gespräche werden z. B. abgebrochen. Es findet keine verbale <u>Kommunikation</u> mehr statt und der Konflikt verschärft sich schneller. Das Mitgefühl für den »anderen« geht verloren.

2. Ebene (Win-Lose)

Stufe 4 – Koalitionen

Der Konflikt verschärft sich dadurch, dass man Sympathisanten für seine Sache sucht. Da man sich im Recht glaubt, kann man den Gegner denunzieren. Es geht nicht mehr um die Sache, sondern darum, den Konflikt zu gewinnen, damit der Gegner verliert.

Stufe 5 – Gesichtsverlust

Der Gegner soll in seiner Identität vernichtet werden durch alle möglichen Unterstellungen oder Ähnliches. Hier ist der Vertrauensverlust vollständig. Gesichtsverlust bedeutet in diesem Sinne Verlust der moralischen Glaubwürdigkeit.

Stufe 6 – Drohstrategien

Mit Drohungen versuchen die Konfliktparteien, die Situation absolut zu kontrollieren. Sie soll die eigene <u>Macht</u> veranschaulichen. Man droht z. B. mit einer Forderung (10 Mio. Euro), die durch eine *Sanktion* (»Sonst sprenge ich Ihr Hauptgebäude in die Luft!«) verschärft und durch das *Sanktionspotenzial* (Sprengstoff zeigen) untermauert wird. Hier entscheiden die Proportionen über die Glaubwürdigkeit der Drohung.

3. Ebene (Lose-Lose)

Stufe 7 – Begrenzte Vernichtung
Hier soll dem Gegner mit allen Tricks empfindlich geschadet werden. Der Gegner wird nicht mehr als Mensch wahrgenommen. Ab hier wird ein begrenzter eigener Schaden schon als Gewinn angesehen, sollte der des Gegners größer sein.

Stufe 8 – Zersplitterung
Das Unterstützersystem des Gegners soll mit Vernichtungsaktionen zerstört werden.

Stufe 9 – Gemeinsam in den Abgrund
Ab hier kalkuliert man die eigene Vernichtung mit ein, um den Gegner zu besiegen.

In der ersten Ebene können beide Konfliktparteien noch gewinnen (Win-Win). In der zweiten Ebene verliert eine Partei, während die andere gewinnt (Win-Lose), und in der dritten Ebene verlieren beide Parteien (Lose-Lose). Interessanterweise kann man die unterschiedlichsten Konflikte damit analysieren: Scheidungen, Konflikte zwischen Kolleg*innen oder Schüler*innen und auch Konflikte zwischen Staaten.[13]

Das Wissen um die drei Ebenen hilft, aus einem Konflikt auszusteigen oder ihn wieder zu beruhigen. Denn die wenigsten Menschen haben einen Hang zu Vernichtungsschlägen oder wollen mit ihrem Gegenüber im Abgrund versinken. Dies ist jedoch in vielen Fällen die Angst oder Sorge vor einer Auseinandersetzung, das heißt, man befürchtet, dass sich eine Beziehung nach einem Streit grundsätzlich ändert und man zum Beispiel einen guten Freund oder eine Arbeitskollegin verliert. Es ist jedoch immer auch die eigene Verantwortung, wie weit wir einen Streit führen, ihn also in seiner Eskalation steigern.

In den ersten drei Phasen kann jederzeit ausgestiegen werden, ohne dass eine Partei verliert. Glasl bezeichnet sie vielmehr als »Win-Win«! Eine verbale Auseinandersetzung mit einem konstruktiv agierenden Partner stellt in der Regel eine Weiterentwicklung der Beziehung oder der Thematik da. Aus diesem Grund plädiere ich immer gern dafür, seine Haltung gegenüber Konflikten genauer zu untersuchen. Ohne Aus-ein-ander-setzung keine Weiter-entwicklung. Ehepartner, die die Scheidung aus dem Grund einreichen, dass sie sich »auseinander-gelebt« hätte, haben sich meiner Meinung nach zu wenig (fair) auseinandergesetzt und zusammen-gerauft.

Last but not least möchte ich einen großartigen Merksatz von Watzlawick[14] zitieren: »Das Missverständnis ist der Normalfall in der Kommunikation.« Diesen Satz muss man sich wirklich auf der Zunge zergehen lassen. Nicht das Verstehen oder die Übereinstimmung, sondern das Missverstehen einer Aussage ist der Normalfall eines Gespräches.

Ups. Heißt das etwa, dass etliche Konflikte entstehen, weil wir uns nicht richtig zugehört haben und/oder das Gesagte anders verstehen oder interpretieren, als es gemeint war? Ja, genau das ist damit gemeint.

Verstehen Sie, wie alles zusammenhängt? Jeder Mensch lebt im eigenen Kosmos seiner Gedanken, Gefühle und Bewertungen. Wenn ich für meinen Kosmos die Verantwortung übernehme (so wie bereits in den Kapiteln 2 und 3 erläutert), dann engagiere ich mich ganz persönlich für eine friedvollere Welt. Dann inszeniere ich nicht aus einem Gekränktsein ein großes Gefühlsdrama, sondern überprüfe erst einmal die darin enthaltenen Emotionen und Gedanken auf die Fakten und den Wahrheitsgehalt.

Und wenn ich bereit bin, nicht jedes Wort meiner Kolleg*innen auf die Waagschale zu legen, sondern mich daran erinnere, dass etwas anders gemeint sein könnte, als bei mir angekommen, dann frage ich nach, statt sogleich einen Streit durch einen Vorwurf loszutreten.

Es hat sich ja gezeigt, dass bei der Konfliktklärung die Unterscheidung zwischen Gedanken und Gefühlen wichtig ist. Deshalb hier ein Schaubild dazu:

Unterscheidung Gedanken und Gefühle

Gedanken	Gefühle
Meinungen über mich und andere	Primärgefühle = Angst, Trauer, Wut, Ärger, Liebe, Freude, Zuneigung, Scham (sind nicht kognitiv beeinflusst, nicht verhandelbar)
Schlussfolgerungen aus Erfahrungen Überzeugungen Glaubenssätze	Sekundärgefühle = Genervtsein, Enttäuschungen, Neid, Eifersucht, Gier (mit Gedanken verknüpft und daher änderbar)
Interpretationen über Wahrgenommenes Werturteile Bewertungen	Je extremer unsere Einschätzung einer Sache, eines Vorfalls, eines Menschen ausfällt, desto extremer zeigt sich auch das Gefühl (= alte Emotion)
konstruktiver Umgang mit stressigen Gedanken Wahrheitsgehalt überprüfen Ist das wirklich wahr? Bin ich ganz sicher? Nachfragen Objektivieren	**konstruktiver Umgang mit belastenden Gefühlen** Wahrnehmen Akzeptieren Benennen Aushalten Annehmen

optional

Konflikt klären mit den
drei Schritten eines Kon-
fliktgesprächs
gemeinsame Basis
Versöhnung

optional

Kränkung aussprechen,
sich mitteilen
Bei sich bleiben, keine
Vorwürfe machen
gemeinsames Verstehen
Versöhnung

5. Wie spreche ich mit meiner Chefin oder meinem Chef?[15]

Alles, was bisher über faire Kommunikation gesagt wurde, gilt ebenso für Gespräche mit Personen, die in der Unternehmenshierarchie über einem stehen. Jedoch haben viele Menschen Schwierigkeiten, die eigenen Anliegen sicher bei ihrem oder ihrer Vorgesetzten vorzutragen. Worin ist das Unbehagen begründet?

»Er steht im Rang über mir.«

»Sie hat das Sagen und ich nicht.«

»Ich fühle mich in der abhängigen und damit unterlegenen Position.«[16]

Vergessen wird bei solchen Aussagen, dass es sich bei einem Anstellungsverhältnis um ein Gegengeschäft handelt. Man stellt Zeit und Fähigkeiten zur Verfügung und der oder die Arbeitgeber*in das Geld und die Möglichkeiten, damit die Arbeit auch im Sinne des Unternehmens ausgeübt werden kann.

Über Themen wie Zeit, Gehalt, Aufgaben, Ziele könnte also fair und auf Augenhöhe verhandelt werden. Könnte! Die Voraussetzung und Grundlagen sind, dass beide Seiten sich fair verhalten. Leider höre ich zu oft von Vorgesetzten, die zwar Anweisungen, aber kein Lob aussprechen können, die mit Kunden verhandeln können, aber nicht mit ihren Mitarbeiter*innen, die cholerisch sind, Narzissten oder Machtmenschen. Ganz klar: Wer Vorgesetzte*r wird, bräuchte ein Kommunikations- und Kompetenztraining. Leider gibt es das nicht in jedem Unternehmen und schon gar nicht als Pflicht.

Sind die Gespräche mit dem Chef oder der Chefin tatsächlich unergiebig und unfreundlich, helfen in der Regel der Austausch und die Solidarität im Kollegenkreis. Denn wenn mit mir unmöglich umgegangen wird, erleben die Kolleg*innen meist Ähnliches. Zusammen erreicht man immer mehr! Suchen Sie das offene Gespräch im Team und sprechen Sie die Missstände gemeinsam an. Ihre Anliegen sind ja gut und richtig: Sie wollen bessere Bedingungen, um beste Leistung bringen zu können! Also denken Sie im Sinne des Unternehmens, an die Aufträge und die Zusammenarbeit im Team. Wenn diese guten Absichten tatsächlich kein Gehör in Ihrer Firma finden, wird es Zeit, sich nach einer neuen Arbeitsstelle umzusehen.

»Mitarbeiter verlassen nicht Unternehmen, Mitarbeiter verlassen Führungskräfte« lautet eine sehr richtige Schlussfolgerung des Unternehmensberaters und Buchautors Tilman Springer.

Gehen wir jedoch nun von dem besseren Fall aus, dass Ihr*e Vorgesetzte*r ein ganz normaler Mensch ist, vielleicht sogar kommunikationserprobt und führungserfahren. Dann ergibt es für die Vorbereitung eines Gesprächs Sinn, sich Gedanken über diese Kontexte zu machen:

- Ihre Persönlichkeit und Ihre Einstellung zur Arbeit
- Der Führungsstil und die Persönlichkeit des/der Vorgesetzte*n
- Ihr Verhältnis zueinander.

Anders gefragt: Wie sieht Ihre Feedback-Kultur mit Ihrem Vorgesetzten oder Ihrer Vorgesetzten aus?

- Was schätzen Sie an ihr oder ihm?
- Was sie/er an Ihnen?
- Wie kommunizieren Sie miteinander?

Und wie würden Sie den unternehmerischen Kontext beschreiben?

- Welche Umgangsformen sind bei Ihnen gesetzt?
- Welche Spielregeln herrschen?
- Wie werden Konflikte im Allgemeinen gelöst?
- Wie ist die Fehlerkultur im Team oder Unternehmen?

Ein Gespräch zwischen einem/einer Vorgesetzten und Mitarbeiter*innen ist Kommunikation innerhalb eines bestimmten Systems und unter Einhaltung bestimmter Regeln.

In jeder Firma herrschen eine bestimmte Unternehmenskultur und eine bestimmte Kommunikationsweise. Oftmals unterscheidet sich letztere innerhalb der Bereiche und Teams. Kultur und Kommunikation werden von den beteiligten Menschen geprägt, das heißt, jede*r ist aufgefordert, sich hier einzubringen. Selbstverständlich tritt man zunächst in ein bestehendes System ein, doch im Laufe der Zeit prägt man dieses ebenso mit wie alle anderen auch. Passives »Mittun« heißt zustimmen, sich einverstanden erklären! Dies als kleiner Wink mit dem Zaunpfahl an alle, die in ihren Unternehmen leiden, unzufrieden sind und glauben, nichts mehr ändern zu können …

Heutzutage sind in vielen Firmen flache Hierarchien eingeführt oder diese ganz abgeschafft. Stichworte: New Work, agile Teams. Dann ist man als Teil der »Arbeitsgemeinschaft« ganz besonders aufgefordert, auf Augenhöhe zu kommunizieren, selbstverantwortlich tätig zu werden und die Unternehmenskultur (neu) zu erschaffen.

Wo immer Sie beschäftigt sind, kann ich nur empfehlen, bei jedem Gespräch die Regeln zu befolgen, die wir als Menschen für eine gelungene Kommunikation ausgehandelt haben. Auf die Gefahr hin, dass ich mich wiederhole, hier sind sie noch einmal aufgelistet:

Regeln für ein faires Gespräch mit Vorgesetzten:

- Gesprächstermin vereinbaren/verabreden
- Gesprächsinhalte ankündigen
- Gedankliche oder schriftliche Vorbereitung auf das Gespräch
- Tatsachen/Fakten und Gefühle/Emotionen trennen
- Ausreden lassen, verstehen wollen, achtsames/aktives Zuhören
- Beim Thema bleiben
- Ich-Aussagen statt Vorwürfe oder Anklagen
- Respekt und Augenhöhe
- Ehrlichkeit
- Humor, Verzeihen

So gelingen Gespräche mit Vorgesetzten:

Zunächst für sich klären:
- Welche Art von Gespräch ist dies? Ein Klärungs-/Feedback-Gespräch? Ein Konfliktgespräch? Ein Zielvereinbarungsgespräch? Eine Gehaltsverhandlung? Oder dient das Gespräch zur Verbesserung bzw. Veränderung Ihrer Arbeitsbedingungen?
- Ausgangsituation analysieren. Worum geht es mir? Was ist tatsächlich vorgefallen?
- Ziele definieren. Was wünsche ich mir? Welche Verbesserungen oder Änderungen strebe ich an?
- Argumente sammeln (insbesondere bei Zielvereinbarungsgesprächen): Was waren meine Erfolge? Welche Vorgänge habe ich zu aller Zufriedenheit erledigt? Wo habe ich mich besonders engagiert? Konkrete Beispiele benennen können.
- Auf der Sachebene bleiben. Wenn Emotionen hoch sind, für sich sorgen, damit sich das Aufgebracht-Sein legt. Besser einen Gesprächsaufschub erbitten, bis man die eigene Gefühlslage wieder im Griff hat.
- Dem oder der Vorgesetzten nicht mangelnde Kompetenz suggerieren, zum Beispiel Sätze wie »Ich glaube, Sie können mich gar nicht richtig beurteilen« oder »Sie haben ein komplett falsches Bild von mir«. Besser Vorschläge machen wie: »Können wir uns nicht regelmäßiger darüber austauschen, was in meinem Arbeitsbereich gut läuft und wo noch Optimierungsbedarf ist?«
- Konstruktiv und fair bleiben, die wirtschaftliche Lage des Unternehmens zu verstehen versuchen und damit die Handlungseinschränkungen des oder der Vorgesetzten.
- Wenn man etwas fordert (Gehalt, mehr Personal, bessere Arbeitsmittel), immer deutlich machen, was es denn dem Unternehmen bringt (Projekte laufen schneller, besser, zusätzliche Projekte können in Angriff genommen werden, mehr Umsatz).

- Was immer gut ankommt, ist, Verständnis für die Position des Gegenübers zu zeigen, Fragen zu stellen und Optionen auszuhandeln. (Beispiel: »Ich verstehe, dass in unserer jetzigen wirtschaftlichen Situation nicht viel zu machen ist. Wo müssten wir uns denn hinentwickeln, damit ich mit meinem Anliegen noch mal vorstellig werden kann?«)
- Die oder den Vorgesetzte*n in seiner/ihrer Rolle akzeptieren, respektieren und ihn oder sie das auch spüren lassen.
- Immer mit vorbereiteten Unterlagen zu einem wichtigen Gespräch kommen. Das können konkrete Beispiele für gelungene Projekte oder Arbeitseinsätze sein, positive Rückmeldungen von Kunden etc. Es ist immer gut, wenn man belegen kann, warum die Leistung besonders anerkennenswert ist. Auch konkrete Vorschläge für Weiterbildungen oder zur Weiterentwicklung kommen gut an.
- Vorgesetzte merken es sehr schnell, wenn sich ein*e Mitarbeiter*in gut auf ein Gespräch vorbereitet hat und mit einer klaren Haltung und einem klaren Ziel in das Gespräch kommt.
- Gesprächsergebnisse, Absprachen schriftlich festhalten.

Wenn Sie das Buch von vorn bis hierher durchgelesen haben (und nicht nur die einzelnen Kapitel, die Sie interessierten), dann wird Ihnen sicherlich klar geworden sein, dass es eigentlich keinen Unterschied gibt, ob ich ein Gespräch mit in der Hierarchie höher stehenden Personen führe oder einen Konflikt auf Augenhöhe klären möchte. Logo. Denn wir sind alle nur Menschen und möchten anständig behandelt werden.

Dennoch gibt es ein paar Besonderheiten, also Sätze und Verhaltensweisen, mit denen Sie jede Chefin und jeden Team Lead auf die Palme bringen können.

No-Gos in Gesprächen mit Vorgesetzten:

- Sie oder ihn »mal eben« im Flur / Aufzug / in der Teeküche ansprechen oder mit seinem Anliegen »überfallen«, also zeitlich unpassend
- Auf einer unmittelbare Lösung beharren
- Vorwürfe, Schuldzuweisungen, rigide Forderungen
- Abwertungen oder Bewertungen
- Rechthaberei, Zynismus, Sarkasmus, spöttisch reden
- Übertreibungen oder Negierungen wie »nie«, »immer«, »typisch« verwenden
- Nachtragen, schlecht hinter ihrem oder seinem Rücken reden
- Vorgesetzten das Gefühl geben, dass sie (weil sie ja »die da oben« sind) eigentlich nicht dazugehören, ist unklug (das wissen die schon selbst).
- Ganz schlecht ist, dem Vorgesetzten zu drohen (»wenn nicht … dann werde ich …«, »dann gehe ich halt«, »Sie werden schon sehen, was Sie davon haben«), etc.
- Nicht alle Argumente auf einmal losballern, sondern gut dosiert im Gespräch verteilen. Das Gegenüber auch mal zu Wort kommen lassen.
- Nicht mit persönlichen Aspekten Forderungen stellen (das Haus muss abbezahlt werden, das Kind geht zur Uni, usw.).
- Nicht mit Kolleg*inn*en vergleichen, sondern nur für sich argumentieren. Lästern über andere Mitarbeiter*innen geht gar nicht. (Unsachliche Kritik an Kolleg*inn*en sorgt bei Vorgesetzten für Unmut, weil man ihnen damit indirekt unterstellt, die falschen Leute eingestellt zu haben.)

- Wenn das Gespräch nicht gut läuft, sich nicht in die Enge treiben oder total verunsichern lassen. Dann lieber abbrechen und sich um einen neuen Termin bemühen.

Und zum Schluss noch den allerwichtigsten (und vielleicht auch schwierigsten) Punkt:

Letztendlich geht es bei Gesprächen mit Vorgesetzten auch immer um Sympathie – und hier ist nicht »Einschleimen« gemeint (das können die auch nicht leiden). Wer aber in Meetings oder Besprechungen seinen Vorgesetzten durch Gestik (Kopfschütteln, Augenrollen) oder Bemerkungen ständig signalisiert, dass sie/er ihn/sie für einen inkompetenten Vollpfosten hält, wird es schwer haben, etwas zu erreichen.

Auch wer ständig den Kontakt zur/zum Vorgesetzten meidet und nur vor sich hin arbeitet, hat es ebenfalls schwerer. Man muss sich zwischendurch auch mal »zeigen«, gerade in größeren Teams.

Vorgesetzte wollen durchaus mal gefragt werden, wie ihr Wochenende war, oder sonst irgendwie merken, dass die Mitarbeiter auch ein Interesse an ihnen haben. Wie gesagt, nicht einschleimen, der Grat ist sicherlich schmal, aber Chefs merken meist sehr schnell, wer ein echtes Interesse hat oder wer sich gerade einschleimt.

Es geht einfach darum, ab und an zu zeigen, dass man gerne für das Unternehmen oder im Team arbeitet und die Arbeit überwiegend Spaß macht. Das sorgt auch bei denen, die mehr Verantwortung schultern, für gute Laune. Zu honorieren, wenn es Sonderleistungen gibt (Sommerfeste, Rosenmontag frei, Weihnachtsfeiern …), kommt auch immer gut an. Menschen, die mit einer dankbaren Haltung durchs Leben laufen, haben es unendlich viel leichter als Nörgler. Darüber könnte ich ein ganzes Kapitel schreiben, aber letztlich weiß das jeder Mensch. Und wer nicht glauben mag, dass Positivität auch der Verhandlung mit einem oder einer Vorgesetzten die entscheidende Wendung geben könnte, sollte es einfach einmal ausprobieren.

6. Wie gehe ich mit schwierigen Kolleg*innen um?

Wir verbringen mehr Zeit mit unseren Kolleginnen und Kollegen im Büro als mit unseren Partner*innen oder Freund*innen. Das heißt, wir bekommen auch eine ganze Menge mit von unseren Kolleg*innen: ihre gute Laune und ihre schlechte, ihre Stärken und ihre Schwächen, ihre Frustrationen, ihre blinden Flecken. Wenn wir umgeben sind von gut gelaunten, motivierten und konstruktiv zusammenarbeitenden Kolleg*innen, läuft auch der eigene Tag besser. Wenn wir jedoch mit einer permanent nörgelnden Kollegin oder mit einem ständig sich überfordert fühlenden Kollegen in einem Büro sitzen, kann es schwierig sein, die eigene Motivation und Stimmung beizubehalten.

Es gibt Menschen, die man auf ihre Laune oder ihre blinden Flecken ansprechen kann. Mit ihnen sind Klärungs- und Feedback-Gespräche gut möglich, da sie reife Persönlichkeiten sind und sich an die fairen Kommunikationsregeln halten (siehe oben: Kapitel 4).

Und jeder von uns kennt Menschen, bei denen all dies nicht drin ist. Die sich aufbrausend verhalten oder schnell beleidigt sind. Die sich verschließen oder schlecht über uns denken und diese falsche Meinung ins Team tragen. Menschen, mit denen es schwerfällt, klarzukommen. Diese Menschen nenne ich komplexe Persönlichkeiten und werde noch über sie schreiben. Doch zunächst ist es mir ein Anliegen, einen weiteren Weg aufzuzeigen, mit dem man das eigene Innenleben klärt, bevor man in einen vielleicht aussichtslosen Kampf mit jemand anderem zieht.

Das innere Team

Nicht nur die Kollegin oder der Vorgesetzte, sondern auch man selbst ist ja schon einmal »schlecht gefußelt«. Das sind zum Beispiel diese Tage, an denen man eine Entscheidung treffen muss, aber sich mehrere Stimmen in einem streiten und zu keiner Einigung kommen. Oder man weiß überhaupt nicht, was man von einer Sache oder einer Person halten soll. Diese inneren Auseinandersetzungen können jedenfalls eine Menge Energie ziehen. Und ganz ähnlich wie Konflikte mit realen Personen kann man auch einen Konflikt in sich selbst strukturiert angehen. Die Methode dazu heißt passenderweise »Das innere Team«.

Nehmen wir ein einfaches Beispiel: Es ist Sonntagabend, Sie haben gerade den Wetterbericht gesehen und wissen nun, dass es morgen früh, wenn Sie sich auf den Weg zur Arbeit machen müssen, Hunde und Katzen regnen wird. Auf einmal diskutieren mehrere Stimmen (oder auch Teammitglieder) in Ihnen. Die »Bequeme« ist der Meinung, dass Sie das Auto nehmen sollten, auch weil Sie dann etwas länger schlafen könnten. Die »Umweltaktivistin« hält diese Idee für ganz unmöglich und findet, dass Sie statt wie sonst das Fahrrad halt den Bus nehmen sollen. Der »Pragmatiker« weiß auch noch, dass es so gut wie keine Parkplätze in der Nähe Ihrer Arbeitsstelle gibt, und verbündet sich deshalb mit der »Aktivistin«. Die »Bequeme« wird also überstimmt und fügt sich. Wenn Sie noch eine »Rebellin« in sich tragen, könnte die Sache auch anders ausgehen. Sie pfeift auf alle anderen, schläft aus, nimmt das Auto und parkt auf dem Platz der Chefin;).

Das zweite Beispiel ist etwas anspruchsvoller: Ihr Kollege hat seit dem Betriebsausflug ein Verhältnis mit einer verheirateten Frau aus der Marketingabteilung. Da er sein Herz auf der Zunge trägt, erzählt er Ihnen nun täglich von seiner neuen Flamme und auch davon, was ihr Mann für ein Idiot sei. Dummerweise spielen Sie einmal in der Woche mit dem Ehemann Skat, was jedoch Ihr Kollege nicht weiß (weil Sie nur wenig aus Ihrem Privatleben im Büro erzählen). Nun sind Sie in einer moralischen Zwickmühle und fragen sich, ob Sie Ihrem Skatbruder einen Hinweis auf das Doppelleben seiner Frau geben müssen, den Kollegen bitten, Details seiner Affäre für sich zu behalten, oder ob Sie sich besser aus allem raushalten sollen.

Nehmen Sie sich doch einmal ein Blatt Papier und zeichnen Sie die verschiedenen Personen, die in Ihnen diskutieren, auf: Der »Moralische« ist empört über Ihren Kollegen und sein Gerede, zudem ganz entschieden dafür, den Ehemann in Kenntnis zu setzen. Für den »Moralischen« ist es eine Qual, so zu tun, als ob Sie nichts wüssten. Dem »Introvertierten« ist alles unangenehm, er findet, dass Privatleben und Arbeit nicht miteinander vermischt werden sollten, und weiß deshalb gar nicht mit der Situation umzugehen. Der »Bequeme« will sich lieber raushalten, was geht ihn das eigentlich alles an?

Ihr Bild könnte so aussehen:

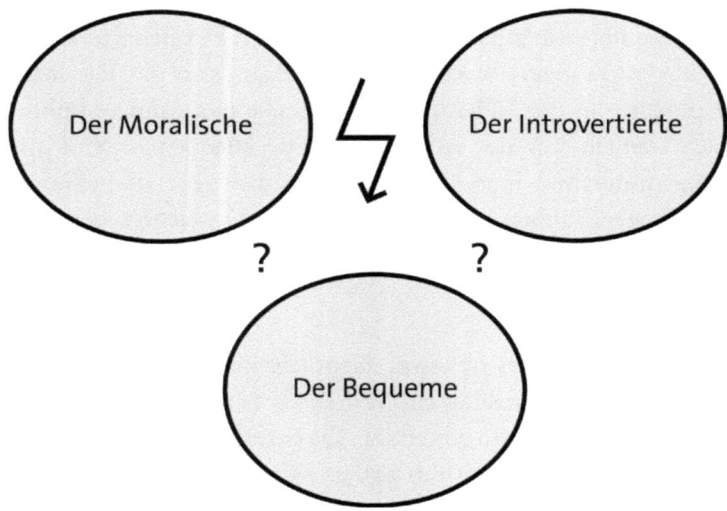

Was nun? Am einfachsten wäre es, wenn Sie die Situation jemand anderem erzählen und Ihre Stimmen bzw. das Bild erläutern könnten, um auf eine Lösung zu kommen. Da Sie jedoch eine moralisch integre Person sind, behalten Sie diese pikante Geschichte für sich und müssen sich nun selbst zuhören. Was genau sagen die einzelnen Stimmen? Wer ist lauter, unüberhörbarer, wer leiser, wer wird von den andern nicht akzeptiert? Gibt es noch weitere Stimmen?

In diesem Beispiel stellen Sie nach einer Weile Diskussion fest, dass der Introvertierte eigentlich ein feiner Kerl ist und sich mit dem Moralischen an einem Punkt wunderbar versteht, nämlich dann, wenn es um Aufrichtigkeit geht. Also kommt eine weitere Stimme hinzu, die des »Aufrichtigen«. Er ist dafür, mit dem Kollegen ein klares Wort zu sprechen. Alle Stimmen einigen sich auf diese Vorgehensweise: Sie werden dem Kollegen sagen, dass Sie mit dem Ehemann Skat spielen und aus moralischen Gründen ihm eigentlich von den heimlichen Treffen erzählen würden. Da Sie jedoch nicht das Verhältnis zu Ihrem Kollegen trüben und ihn »anschwärzen« wollen, bitten Sie ihn, dass er selbst für klare Verhältnisse sorgen möge.

Ob der Kollege nun Ihrer Bitte folgt und wie er es anstellt, bleibt außerhalb Ihrer Möglichkeiten. Sie jedoch haben Ihren inneren Konflikt geklärt und fühlen sich wieder freier. Sie bleiben Ihren eigenen Prinzipien treu und können sowohl Ihrem Kollegen wie auch Ihrem Skatbruder offen ins Gesicht schauen.

Ihr Bild stellt sich also mittlerweile so dar:

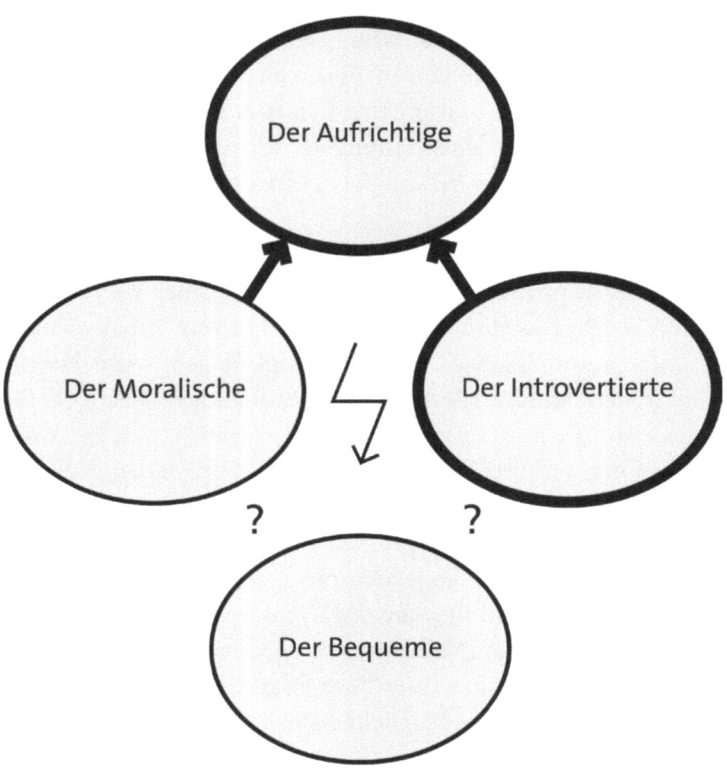

Die Methode »Das innere Team« wurde von dem Psychologen Friedemann Schulz von Thun entwickelt. Er selbst sagt dazu: »Ein Miteinander und Gegeneinander finden wir demnach nicht nur zwischen Menschen, sondern auch innerhalb des Menschen. Obwohl ein zerstrittener Haufen im Inneren überaus lästig und quälend sein und bis zur Verhaltenslähmung führen kann, handelt es sich dabei nicht um eine seelische Störung, sondern um einen ganz normalen menschlichen Zustand. Diese ›innere Pluralität‹ ist letztlich auch wünschenswert. Wenn nämlich aus dem zerstrittenen Haufen ein Inneres Team wird, werden innere Synergieeffekte freigesetzt. Diese rühren vor allem daher, dass die ›vereinten Kräfte‹ mehr Weisheit in sich tragen als eine einzelne Stimme allein.«[17]

Ich habe die Methode hier stark vereinfacht und pragmatisch dargestellt. Wer immer wieder Schwierigkeiten hat, Entscheidungen zu treffen, hat nun vielleicht Lust bekommen, sich näher mit seinem »inneren Team« zu befassen. Seminare dazu gibt es bundesweit, ein gezieltes Coaching, um einen inneren Konflikt aufzulösen, lässt sich bei einem ausgebildeten Coach oder einer Beraterin buchen. Selbsterkenntnis ist immer eine lohnenswerte Sache;).

Was hat nun das eigene innere Team mit unserem Umgang mit schwierigen Menschen zu tun? Na ja, zum einen, wie das zweite Beispiel es zeigt, können wir mit der Visualisierung der inneren Stimmen zu einer Haltung gelangen, die für uns passend ist. Das heißt, wir können uns auch schwierigen Menschen aufrichtig und erwachsen gegenüber verhalten.

Zum anderen kann uns darüber verständlich werden, dass auch andere Menschen verschiedene Teammitglieder in sich vereinen und wir momentan mit einem dieser Persönlichkeitsanteile in Konflikt geraten sind. Damit meine ich, dass wir unser Gegenüber aus einem verengten Blick entlassen und sein Verhalten objektivieren können. Oftmals ist es auch so, dass uns etwas an einem anderen stört, was er oder sie selbst gar nicht wahrnimmt. Jeder Mensch hat sogenannte »blinde Flecken«, was seine Persönlichkeit angeht. In anderen Fällen geraten wir genau mit den Anteilen einer anderen Person aneinander, die wir selbst an uns nicht leiden mögen oder verborgen halten möchten.

Das von den amerikanischen Sozialpsychologen Joseph Luft und Harry Ingham entwickelte »Johari-Fenster« verdeutlicht, welche Anteile unserer Persönlichkeit uns selbst bewusst sind und welche nicht:

	Mir bekannt	Mir unbekannt
Anderen bekannt	**Freies Handeln** Der öffentliche Bereich, der anderen und einem selbst bekannt ist.	**Blinder Fleck** Der Bereich, den man selbst nicht wahrnimmt, die anderen aber deutlich.
Anderen unbekannt	**Verborgenes** Der Bereich, in dem man Dinge vor anderen verborgen hält.	**Unbewusstes** Dieser Bereich ist weder einem selbst noch anderen zugänglich.

Bereich A verdeutlicht die Anteile eines Menschen, die offen gezeigt werden, und wie man sich auch selbst sieht. Die Selbstwahrnehmung stimmt jedoch in der Regel nicht mit der Wahrnehmung anderer überein. Bereich B verweist deshalb auf Persönlichkeitsanteile, die einem selbst nicht bekannt oder bewusst sind, andere jedoch an einem wahrnehmen (Fremdwahrnehmung). Dazu gehören unbewusste Gewohnheiten, Vorlieben, Abneigungen und ungewöhnliche Verhaltensweisen. Ein regelmäßiges Feedback kann den »blinden Fleck« eines Menschen verkleinern und die Kommunikation mit ihm erleichtern.

Im privaten Leben sind dafür Partner*innen, Freund*innen und die eigenen Kinder äußerst hilfreich. Im Berufsleben wird (leider meistens nur Führungskräften) das Angebot von Feedback-Gesprächen oder 360-Grad-Feedback-Prozessen gemacht. Immer mehr Menschen gönnen sich auch ein paar Stunden bei einem professionellen Coach[18], um Selbst- und Fremdwahrnehmung miteinander abzugleichen. In die Bereiche C fallen alle Anteile der eigenen Persönlichkeit, die man anderen nicht erzählen möchte, insbesondere nicht den Kolleg*innen oder Vorgesetzten. Doch manches Mal erleichtert es die Klärung eines Konfliktes, wenn bislang verborgen Gehaltenes offenbart wird. Um verstanden zu werden oder sich wirklich verständlich zu machen, ist Selbstoffenbarung immer wieder ein guter Weg.

Doch leider gibt es Menschen, die weder Interesse an der Auflösung eines Konfliktes haben noch gern Feedback zur eigenen Person hören, und auch nicht etwas von sich erzählen möchten, was sie bislang verborgen gehalten haben. Mit diesen Menschen ist – wie der Volksmund sagt – nicht gut Kirschen essen; es sind komplexe Persönlichkeiten, mit denen man jedoch im Arbeitsleben auskommen muss.

Fritz Riemann, ein renommierter Psychoanalytiker, unterscheidet in seinem 1961 erstmals erschienenen Buch »Grundformen der Angst« vier Persönlichkeitstypen: 1. die schizoiden, 2. die depressiven, 3. die zwanghaften, 4. die hysterischen oder auch histrionischen genannten Persönlichkeiten. Das Werk ist bis heute lesenswert und sehr lehrreich, aber eben ein Fachbuch. François Lelord und Christophe André haben 1996 ein populärwissenschaftliches Buch mit dem Titel »Der ganz normale Wahnsinn – Der Umgang mit schwierigen Menschen« herausgebracht und neben den vier »Grundformen« weitere Persönlichkeitstypen aufgelistet: die ängstlichen, die narzisstischen, die dependenten, die passiv-aggressiven sowie die selbstunsicheren Persönlichkeiten.

Mit diesen neun Persönlichkeitstypen kann man schon einmal als Laie viel anfangen. Allerdings lässt sich wahrscheinlich niemand in Ihrem Umfeld 1:1 einer der Kategorien zuordnen. Um von einer tatsächlichen Persönlichkeitsstörung zu sprechen, müssen die charakteristischen Merkmale in mehreren Lebensbereichen und auf längere Dauer bei einem Menschen auftreten. Wenn Sie Ihren Kollegen oder Ihre Vorgesetzte (oder wohlmöglich sich selbst) in einer der Beschreibungen wiederfinden, heißt das noch lange nicht, dass er/sie oder Sie tatsächlich paranoid, zwanghaft oder depressiv sind. Es bedeutet lediglich, dass man zeitweilig ein Verhalten in diese Richtung zeigt. Am einfachsten lässt sich dies bei Zwangshandlungen erklären: Nur weil ich wahnsinnig gern Küchenoberflächen abwische und dies auch bei jeder passenden und unpassenden Gelegenheit tue, bin ich noch keine zwanghafte Persönlichkeit. Ich zeige jedoch ein zwanghaftes Verhalten bestimmter Ausprägung. Genauso verhält es sich bei Ihrem Kollegen, der seine Bleistifte auf dem Schreibtisch immer parallel ausrichtet.

Wenn ich hier nun diese Typen auflistе und auf sie eingehe, geht es mir also nicht darum zu sagen: »Also Ihr Kollege verhält sich so und so, alles klar: Er ist eben ein Paranoiker.« Mein Anliegen ist, das Verständnis für die Charaktere oder das »Geworden-Sein« von Menschen und ihre Verhaltensweisen zu vergrößern. Je mehr Menschenkenntnis wir besitzen, desto besser können wir Arbeitskolleg*innen verstehen und uns so ihnen gegenüber verhalten, dass sich die Zusammenarbeit geschmeidiger gestaltet. Empathie oder Verständnis für die Schicksale anderer ermöglichen immer eine Öffnung im Verhältnis von zwei Menschen, Ratschläge verfehlen dennoch oft genug ihre gut gemeinte Absicht.

Die (wirklich sehr kurze) Auflistung der Persönlichkeitstypen wird mit ein oder zwei Hinweisen angereichert, wie Sie mit der jeweiligen Person umgehen können, um die Kooperationsfähigkeit zu steigern. Wenn Sie die Auflistung und Handlungsanregungen interessant finden, empfehle ich Ihnen, Ihre psychologische Neugier durch Bücher wie die von Riemann oder Lelord/André zu vertiefen.[19]

Über diese psychologischen Charakterstudien hinaus gibt es eine Vielzahl von Ansätzen, um Menschen als Persönlichkeiten zu begreifen. Zum Beispiel die Unterscheidung in rote, blaue, grüne und gelbe Charaktere (davon haben Sie vielleicht schon einmal in einem Seminar gehört?) oder den Myers-Briggs-Typenindikator (MBTI), das Reiss-Profil u. a. Ehrlich gesagt, haben mir diese Unterscheidungen und Profilerstellungen im Umgang mit Menschen nicht wirklich weitergeholfen. Wissen allein reicht eben nicht. Verständnis ist der Schlüssel, und hierfür ist ein psychologischer Background einfach unerlässlich.

Kurzfassung der Persönlichkeitstypen (nach Lelord/André):

Schizoide Persönlichkeiten sind oftmals Einzelgänger, scheinen unergründlich und unbeteiligt an der Welt um sich herum. Sie sind autonome Persönlichkeiten, die nicht die Gesellschaft anderer suchen, sondern eher Beschäftigungen, bei denen man allein ist.

Tipps im Umgang

- Einzelgängerisch veranlagte Menschen sind besser eingesetzt als Experten und eben nicht als Team Leads.
- Versuchen Sie nicht, ihn in zu viel Konversation hineinzuziehen. Respektieren Sie besser sein Bedürfnis nach Alleinsein, vielleicht können Sie in seiner Gegenwart auch die Ruhe genießen (lernen)?

Depressive Persönlichkeiten sehen das halb leere und nicht das halb volle Glas. Sie fühlen sich oft nicht so fit oder lebendig wie andere und suchen dafür die Schuld bei sich selbst. Ihre Stimmung ist dementsprechend oft traurig-melancholisch, ihre Weltsicht eher pessimistisch-fatalistisch.

Tipps im Umgang

- Geben Sie nicht auf, immer wieder auf die schönen und guten Seiten seines oder ihres Lebens hinzuweisen. Beziehen Sie ihn und sie in angenehme Aktivitäten mit ein.
- Ermutigen Sie Menschen mit Hang zur Schwermut, sich etwas zu gönnen und sich nicht zu viel aufzubürden. Nein-Sagen und Sich-Behaupten sind Lernfelder für sie.

Zwanghafte Persönlichkeiten sind gewissenhafte Menschen, ordnungsliebend und detailverliebt. Sie haben oft Schwierigkeiten in der Entscheidungsfindung und fürchten, Fehler zu machen. Es fällt ihnen schwer, Emotionen auszudrücken, und sie wirken manchmal starr oder formell.

Tipps im Umgang
- Übertragen Sie ihm Aufgaben, die mit Kontrolle, Planung und Ordnen zu tun haben.
- Wenn Sie dauerhaft das Vertrauen einer zwanghaft veranlagten Person genießen möchten, sollten Sie ihr gegenüber niemals Versprechungen machen, die Sie nicht halten können. Verantwortungslosigkeit hasst er wie kaum ein anderer.

Histrionische Persönlichkeiten wollen gesehen und geliebt werden. Sie ertragen nur schlecht Situationen, in denen sie nicht im Mittelpunkt stehen. Im Laufe eines Tages durchleben sie eine ganze Palette von Gefühlen und lassen ihre Umgebung gern auch wortreich an diesen teilhaben.

Tipps im Umgang
- Gewöhnen Sie sich an seine oder ihre übertriebene oder theatralische Art, machen Sie sich auf gar keinen Fall über ihn oder sie lustig.
- Als Mitarbeiter*in kann sie/er ein gutes Gespür für die Atmosphäre innerhalb eines Teams entwickeln. Hören Sie hin, wenn sie ihre Wahrnehmungen schildert, und filtern Sie die Übertreibungen oder Eigeninterpretationen heraus.

Ängstliche Persönlichkeiten neigen dazu, sich über alles Sorgen zu machen, sie denken viel über Risiken oder potenzielle Gefahren ihrer Handlung nach und kontrollieren auf diese Weise auch ihnen nahestehende Menschen. Die gedankliche Anspannung lässt diese Menschen auch körperlich leiden, sie klagen über Rücken- oder Schulterschmerzen und sind oft gereizt oder müde.

Tipps im Umgang
- Lassen Sie sich nicht in die Angst- und Sorgenspirale hineinziehen, sondern versuchen Sie die Gedanken zu relativieren. Eine wohldosierte Prise Humor kann ebenfalls für Entspannung sorgen.

- Zeigen Sie ihm oder ihr, dass Sie gut vorbereitet auf Reisen oder in Termine gehen, nehmen Sie ihm oder ihr den Wind aus den Segeln, indem Sie stets pünktlich sind und ihn oder sie bei Änderungen zeitnah informieren.

Paranoide Persönlichkeiten sind misstrauische Wesen, die andere Menschen verdächtigen, böse Absichten gegen sie zu hegen. Die Anschuldigungen sind oftmals nicht nachvollziehbar, doch glauben Menschen mit paranoiden Zügen, dass sie von anderen hintergangen werden und deshalb mit ihren Ansichten im Recht sind. Sie fühlen sich schnell angegriffen, reagieren beleidigt oder eifersüchtig.

Tipps im Umgang
- Sie brauchen Geduld, Selbstbewusstsein und gute kommunikative Fähigkeiten, um sich mit einer paranoiden Persönlichkeit auseinanderzusetzen. Halten Sie sich stets an die Fakten, also an das, was tatsächlich passiert ist, und legen Sie ihr diese mit Präzision dar.
- Reden Sie nicht schlecht über sie oder ihn, es könnte auf Sie zurückfallen, und dann haben Sie ein noch größeres Problem.

Narzisstische Persönlichkeiten sind der Überzeugung, dass für sie nicht die gleichen Regeln gelten wie für andere. Sie sind der Ansicht, dass ihnen Privilegien und Bewunderung zustehen, und reagieren überzogen heftig, wenn man ihnen diese nicht zukommen lässt. Im Verhalten gegenüber anderen wechseln sich Schmeicheleien, Lob und Kritik in einem rasanten Tempo ab. Man weiß einfach nicht, wo man bei einem Narzissten dran ist, und fühlt sich von ihm irgendwie manipuliert.

Tipps im Umgang
- Glauben Sie einfach nicht alles, was er oder sie sagt, und nehmen Sie es »um Himmels willen« nicht persönlich. Durchschauen Sie sein Spiel oder die dahinterliegende Not, immer die Oberhand behalten zu müssen.

- Aufgepasst, wenn ein Narzisst anfängt, über andere schlecht zu reden. Lassen Sie sich nicht in seine Abwertung über Menschen hineinziehen, sondern versuchen Sie eine neutrale Position einzunehmen.

Dependente Persönlichkeiten sind der Überzeugung, dass sie schwächer sind als andere Menschen und deshalb die Unterstützung von anderen brauchen. Sie treffen ohne Rückversicherung keine eigenen Entscheidungen und ergreifen auch nicht von sich aus die Initiative. Dafür sind sie stets diejenigen, die ohne Murren undankbare Aufgaben übernehmen. Sie wollen anerkannt und bestärkt werden und reagieren ängstlich.

Tipps im Umgang
- Da eine dependente Persönlichkeit jeden kompetenter als sich selbst hält und Kritik fürchtet, sollten Sie ihre Ergebnisse deutlich anerkennen und sie auf diese Weise bestärken.
- Fragen Sie nach ihrem oder seinem Standpunkt oder bitten Sie auch sie/ihn um Rat und Hilfe. Es ist wichtig, dass sie oder er erkennen kann, dass auch andere Schwächen oder Zweifel haben und nicht immer autonom agieren.

Passiv-aggressive Persönlichkeiten zeigen ihren Unmut oder Ärger auf eine versteckte Art und Weise. Es sind diejenigen, die zu spät in Meetings kommen, dort mit verschlossenem Gesicht sitzen, um anschließend über den oder die Vorgesetzte herzuziehen. Da sie nicht das offene Gespräch suchen und man sich oft fragt, was mit ihnen los ist, vergiften sie die Atmosphäre einer ganzen Gruppe. Bei Klärungsversuchen tun sie ahnungslos oder reagieren überzogen auf negatives Feedback.

Tipps im Umgang
- Erkennen Sie, dass im passiv-aggressiven Verhalten eine Botschaft enthalten ist, und fragen Sie genau danach. Also zum Beispiel: »Ich habe den Eindruck, Sie sind über etwas verärgert. Oder täusche ich mich?«

- Ermutigen Sie die Person immer wieder, offen ihre Unzufriedenheit auszudrücken, und behandeln Sie sie stets freundlich, erwachsen, interessiert. Lassen Sie sich nicht auf ihr kindliches Verhalten ein, auch nicht indem Sie sich autoritär verhalten.

Selbstunsichere Persönlichkeiten leiden unter der Angst, kritisiert oder von anderen verletzt zu werden. Sie fürchten, sich lächerlich zu machen, und vermeiden es deshalb, sich oder ihre Fähigkeiten zu zeigen. Eine ihrer Grundannahmen ist, dass sie weniger wert seien als andere. Selbstunsichere Persönlichkeiten meiden entweder das Risiko neuer Erfahrungen und Herausforderungen, oder sie versuchen ihre Selbstwertschwäche durch übersteigerte Aktivität und Hilfsbereitschaft zu kompensieren.

Tipps im Umgang
- Sie sollten einiges darauf setzen, das Vertrauen dieser Menschen zu gewinnen, und wie in allen anderen Fällen auch geht dies am besten über Wertschätzung, Ermutigung und Anerkennung. Zeigen Sie ihnen, dass Ihnen seine oder ihre Meinung wichtig ist.
- Lassen Sie ironische oder zweideutige Bemerkungen besser erst einmal weg.

Während ich an dieser kurzen Beschreibung von Persönlichkeitsmerkmalen schreibe, denke ich immer wieder, dass sie zu grob ist, zu oberflächlich für die komplexen Phänomene. Letztlich braucht man eine große Menge diagnostisches Wissen, um über einen Menschen zweifelsfrei sagen zu können, ob er tatsächlich eine Persönlichkeitsstörung hat. Dennoch gibt es Verhaltensweisen, die wir ja auch von uns selbst kennen, und diese sind nun erkennbarer geworden als eben zwanghaftes, paranoides, überängstliches oder depressives Verhalten.

Mein Anliegen für die Auflistung wie auch für dieses Buch insgesamt ist, den Blick zu weiten für all die menschlichen Phänomene, die es einfach gibt. Also Verständnis zu wecken und eben nicht Ablehnung, wenn einem das Verhalten eines anderen seltsam vorkommt. Letzteres geschieht so oft und ist so einfach: »Der ist merkwürdig, sonderbar, mit dem will ich nichts zu tun haben, soll er doch schauen, wie er allein klarkommt.« Mit diesem Mauer-Verhalten kommen wir weder im Arbeitsleben noch im Privaten weiter. Bewertungen und Abwertungen tragen das Potenzial zur Eskalation in sich. Das heißt, wir sind es, die mit unseren negativen Sichtweisen und Abwertungen den Krieg mit einem anderen Menschen eröffnen.

In diesem Zusammenhang ist es sinnvoll, sich klarzumachen, dass jede und jeder selbst verantwortlich ist für seine Stimmung, für seine Frustration und, ja, auch für seinen Charakter. In Köln drücken wir diese Toleranz und Selbstverantwortung kurz und knackig aus: »Jeder Jeck ist anders.«

Betrachten Sie doch Ihren Kollegen oder Ihre Kollegin als interessantes Anschauungsobjekt: »Aha, schon wieder Krach zu Hause gehabt?«, oder »Uih, heute mal wieder keinerlei Frustrationstoleranz erkennbar!« Den Tipp habe ich ja auch schon im Kapitel 2 gegeben, und zwar sich selbst gegenüber. Die Vogelperspektive einzunehmen, also die Absurditäten des Lebens aus der Distanz zu betrachten, kann wirklich erholsam sein.

7. Wie setze ich mich besser gegenüber Männern durch?

Um es kurz und knapp zu sagen: mit Körpersprache, Chuzpe und Angstfreiheit. Okay, okay, natürlich setzt dies Selbstbewusstsein voraus, ein paar rhetorische Finessen wie Schlagfertigkeit und ab und an auch hohe Schuhe;). Und ja, Durchsetzung ist lernbar. Doch eins nach dem anderen.

Da ich im Business Coaching immer wieder von Frauen höre, dass sie Schwierigkeiten im Umgang mit männlichen Kollegen, Vorgesetzten oder Kooperationspartnern haben, ist dieses Kapitel den weiblichen Leserinnen gewidmet. Frauen erleben im beruflichen Kontext leider noch immer eine Ungleichbehandlung, sei es bei der Gehaltseinstufung oder bei der Förderung ihrer Karriere. Ich will mich hier nicht mit der langwierigen Diskussion aufhalten, warum Frauen nicht 50 Prozent der gesellschaftlichen Teilhabe innehaben, die ihnen zusteht. Das Thema ist komplex, beginnt bei der unterschiedlichen Sozialisation von Mädchen und Jungen, führt über die Frage der Kinderbetreuung und des monetären Ausgleichs für »Care«-Leistungen von Frauen bis hin zu strukturellem Sexismus und Gewalt gegenüber Mädchen und Frauen. Ohne Frage spielt sich das, was gesellschaftlich gelebt wird, auch in den kleinen und großen Unternehmen eines Landes ab. Das Private ist politisch, daran ändern auch »New Work« und die Digitalisierung nichts. Damit meine ich, dass jede von einem Menschen gemachte Erfahrung keine singuläre ist, sondern immer auch Ausdruck eines bestimmten politischen Systems und einer damit einhergehenden gesellschaftlichen Haltung. Ob ich als Mann oder Frau in der Welt stehe, bleibt ein grundsätzlicher, nicht wegzudiskutierender Unterschied, auch wenn es kontinuierlich gesellschaftliche Fortschritte in Richtung Gleichberechtigung gab und gibt.

Dieses Kapitel soll eine Verständnishilfe für die Unterschiedlichkeit geben und Frauen dabei unterstützen, sich mit ihren Anliegen Gehör zu verschaffen. Ob frau sich »durchsetzen muss«, andere Körpersignale aussenden sollte oder klug angewandtes Verhandlungsgeschick die Tür öffnet, das zeigt die jeweilige Situation, in der sie sich befindet.

Lange Vorrede, in die Hände geklatscht und los! Peter Modler, Unternehmensberater und Dozent, hat ein bemerkenswert gutes Buch geschrieben. Es heißt »Das Arroganz-Prinzip«, erschien just in überarbeiteter Neuauflage und ist seinen Töchtern gewidmet. In einer Rezension las ich, dass Modler aufgrund der beruflichen Erfahrungen seiner Töchter ein Arroganz-Training für weibliche Führungskräfte entwickelte und anschließend das Buch schrieb. Es enthält wichtige Hinweise zu männlichen Verhaltensweisen und lässt Frauen die Hierarchie- und Rivalitätsspiele besser verstehen.

So zum Beispiel seine Unterscheidung in **High Talk**, **Small Talk** und **Move Talk**:

Mit High Talk bezeichnet er den beruflichen Austausch, der sich auf einem fachspezifischen oder akademischen Niveau befindet. Frauen versuchen auf dieser Ebene in Meetings, im Gespräch mit ihren Kollegen und im Konflikt sich Gehör zu verschaffen, stellen jedoch immer wieder fest, dass sie mit ihren Argumenten nicht durchkommen. Frau redet und redet, doch die beteiligten Männer spielen an ihren Smartphones oder sind in Gedanken ganz woanders. Wem das bereits passiert ist, sollte die Kommunikationsebene wechseln, hin zu Small Talk oder Move Talk. Also zum Beispiel sich in einem Meeting erheben und während des Sprechens durch den Raum gehen, etwas ans Flipchart schreiben oder auch einfach nur das Fenster öffnen. Sofort stellt sich die Aufmerksamkeit wieder ein. Den Körper bewusst einsetzen und sich zeigen, lautet die Zauberformel des Move- oder anders ausgedrückt – Body Talks.

Body Talk beginnt bereits beim Betreten eines Raumes: nicht

hineinschleichen und sich schnell an den Konferenztisch setzen, sondern aufrecht eintreten, sich in Ruhe umschauen, grüßen wie eine Königin und den besten Platz einnehmen. Dieser ist je nach Situation und Ziel am vorderen Teil des Tisches *(Gesehen werden!)*, direkt neben dem ärgsten Rivalen *(Ich habe keine Angst vor dir!)* oder auch auf dem Stuhl des Platzhirschs *(Heute bin ich diejenige, die etwas zu sagen hat!).*

Die körpersprachlichen Signale eines Menschen werden schneller und eindeutiger wahrgenommen als Worte. Das »Status-Bewusstsein« transportiert sich über die Körperhaltung und den -ausdruck. Ein gesenkter Kopf oder eine leise Stimme signalisieren Unterwürfigkeit oder ein schwaches Selbstbewusstsein, ruhige aufrechte Bewegungen und eine feste Stimme dagegen Macht und Selbstwert. Frauen ist diese Art von natürlicher Autorität nicht in die Wiege gelegt worden, sie müssen sie sich oftmals erarbeiten und erlauben.

Worst Case laut Peter Modler ist die Kombination aus kleinen schnellen Schritten, hektischen Handbewegungen und einer stakkatohaften, aufgeregten Stimme. Die Aufmerksamkeit von Männern sinke bei diesem Verhaltensrepertoire rapide ab, ich kann mich hier als Frau nur anschließen. Wenn ich zu sehr mit den körpersprachlichen Signalen meines Gegenübers beschäftigt bin, höre ich nicht wirklich, was sie oder er sagt. Ein eilig durch die Gänge laufender Kollege scheint seine Sache nicht wirklich im Griff zu haben, eine schnell schreitende Kollegin hingegen doch. Möglicherweise haben sie ein ähnliches Stresslevel, doch ihre Körper drücken zwei entgegengesetzte Richtungen aus: Überforderung und Souveränität.

Auch über Small Talk, also über eine belanglose, nicht intellektuelle Konversation lässt sich besser die Aufmerksamkeit von Männern gewinnen, als direkt mit einem fachlichen und hochgestochenen Gespräch anzufangen. Bestes Beispiel dafür sind Empfänge, Kaffeepausen während Tagungen, aber auch Meetings von Geschäftspartner*innen. Small Talk ist der Schmierstoff zwischen Menschen. Über das Wetter kann jede*r reden, und wer meint, das sei zu profan, unterschätzt ein lockeres Gespräch ungemein. Ich möchte im beruflichen Kontext zwei Dinge über einen Menschen erfahren: ob er sympathisch ist und fachlich etwas draufhat. Wenn jemand bereit ist, über das Wetter, das Essen oder den letzten Urlaub zu plaudern, signalisiert er Augenhöhe. Egal auf welcher Hierarchiestufe jemand steht oder aus welchem Stall er kommt, Wetter, Essen und Urlaub verbindet alle. Ein Blick in die Augen und ein freundliches Lächeln lassen das kommende, vielleicht auseinandersetzungsreiche Fachgespräch oder eine Verhandlung leichter ertragen und besser gelingen.

Auch sorgt ein Wechsel vom High Talk zu einem Small Talk oftmals für genau die Unterbrechung, die es braucht, um die Aufmerksamkeit des Gegenübers wieder zu gewinnen. »Sollen wir mal etwas lüften?«, »Möchten Sie noch einen Kaffee?«, »Lassen Sie uns gerade einmal über den Ablauf des weiteren Tages sprechen.« Man wechselt vom fachlichen Austausch auf die Beziehungsebene und stellt so eine andere Verbindung her.

Diese ist auch genau dann notwendig, wenn sich zuvor jemand im Ton vergriffen oder in Rage geredet hat. Mit dem Wechsel der Kommunikationsebene kann ich »Stopp!« signalisieren und »Hier stimmt etwas für mich nicht!«. Viele Frauen machen zum Beispiel den Fehler, geäußerte Unverschämtheiten persönlich zu nehmen. Dabei handelt es sich in den meisten Fällen um bewusst eingesetztes Machtverhalten, und dieses sollte sofort unterbrochen werden. Ignorieren und auf High-Talk-Ebene weiterreden bringt nichts, denn mein Gegenüber hat gerade deutlich gezeigt, dass er an dem intellektuellen Austausch kein Interesse hat. Die Worte aufgreifen und schlagfertig kontern zeigt dagegen die Wirkung, die man erzielen möchte, nämlich: »Mit mir nicht, Schätzelein!«

Dem Arroganzprinzip zufolge gelten folgende Regeln:
* »Move Talk schlägt Small Talk *und* High Talk.«
* »Small Talk ist stärker als High Talk.«[20]
* Bei einer Aggression auf der körpersprachlichen Ebene hat eine verbale Antwort (High Talk) wenig Chancen und muss zunächst auch mit Körpereinsatz erfolgen.

Modler bringt viele Beispiele aus den Trainings, die eindrucksvoll zeigen, wie Frauen sich schnell Respekt verschaffen können. Es wird deutlich, dass Frauen der körpersprachliche Ausdruck in der Regel fremd ist und es echte Überwindung kostet, auf dieser Ebene zu handeln. Als eigenes überzeugendes Beispiel kann ich eine Auseinandersetzung mit einem Nachbarn über einen Parkplatz anbringen: Ich parkte meinen Wagen des Öfteren vor unserer Garage, statt es einzustellen, was dem Nachbarn scheinbar ein Dorn im Auge war, weil er selbst sein Auto vors Haus stellte. Jedenfalls erhielt ich mehrfach Anweisungen von ihm, wie weit mein Wagen über unsere Garage hinaus Platz beanspruchen dürfe. Ich hielt mich nicht immer an seine Zentimeterangaben, was eines Tages dazu führte, dass er bei uns Sturm klingelte. Höchst ärgerlich sauste ich die Treppe runter, mit festem Schritt ging ich ihm erhobenen Hauptes entgegen. Er stellte mich zur Rede, warum ich mein Auto so nah an seinem geparkt hätte. Ich erwiderte frech: »Um Sie zu ärgern.« Der Nachbar war von dieser Antwort völlig perplex und fragte mich allen Ernstes, warum ich mich so arrogant verhalten würde. Ich antwortete: »Weil es Spaß macht.« Als ich dann noch gönnerhaft mein Auto gefühlte zwei Zentimeter nach hinten setzte, ihm festen Blickes in die Auge schaute und sagte, dass es nun wohl gut sei, wurde er mir gegenüber ganz handzahm. Seit diesem Tag begrüßt er mich, als ob wir beste Freunde wären. Ich konnte es erst nicht glauben, dass mein arrogantes Auftreten bei ihm eine solche Wirkung zeigte. Aber ich hatte mir damit Respekt verschafft und bekam nie wieder Ärger mit ihm.

Mir war diese Situation eine echte Lehre. In meiner Wahrnehmung hatte ich mich völlig unhöflich verhalten, doch mein männliches Gegenüber schien das nicht so erlebt zu haben. Im Gegenteil: Ich stieg in seiner Anerkennung.

Je länger ich mich mit dem Thema Durchsetzung befasse, desto deutlicher wird mir, dass

Körpersprache,

Angstfreiheit,

und Chuzpe

die entscheidenden Faktoren für mehr Erfolg im Beruf für Frauen zu sein scheinen.

Unter Angstfreiheit verstehe ich, keine Angst vor möglichen Konsequenzen meiner Worte oder meines Verhaltens zu haben. Für Männer ist ein Schlagabtausch oder ein Hierarchie-Gerangel oftmals ein Spiel. Frauen müssen dieses Spiel erst lernen.

Das beinhaltet auch: nicht alles ernst und erst recht nicht persönlich nehmen, was einem gegenüber geäußert wird. Hier hilft Schlagfertigkeit ungemein. Dazu später mehr.

Und Chuzpe meint, sich aus der Komfortzone herauszubewegen, das anerzogene weibliche Verhalten zu verlassen und sich ungeniert etwas Freches, Forsches zu trauen.

Nett sein war früher.

Erfahrungsberichte von weiblichen Führungskräften

Ich habe mehrere Frauen[21] in leitenden Positionen gebeten, mir ihre Erfahrung mit Männern im Job mitzuteilen. Dabei stellte ich ihnen drei Fragen. Die Antworten sprechen für sich, lesen Sie selbst.

1. Wie gelingt es, sich bei einem Mann im beruflichen Kontext durchzusetzen?

»Da ist zunächst einmal festzustellen, dass wir nun mal oft anders ›ticken‹. Einen inhaltlichen und sprachlichen Zusammenhang so herzustellen, dass beide (Mann – Frau) auch wirklich das Gleiche meinen, ist erst einmal oft die erste Hürde.

Hier hilft klare Sprache, nicht zu weich, nicht viel Blumiges drum rum, das mögen (können) viele Männer gar nicht und es verwirrt, dann geht Mann auf Konfrontation und Machtgehabe. Schon ist es schwieriger, einen Kontext zu verwirklichen, da der Kopf blockiert. Also Mut zur klaren Sprache, neutral und sicher, schließlich hat Frau in dem Gespräch ein Ziel.

Im Übrigen glaube ich nicht, dass es darum geht, sich durchzusetzen, sondern fachlich begründet Gehör zu finden, um das bestmögliche Ergebnis um der Sache willen zu erzielen.« (Architektin)

»Erst einmal unbeeindruckt sein, und der alte Spruch ›Die kochen alle nur mit Wasser‹ hat mir immer gut weitergeholfen.

Das Verhältnis zum Chef ist dann natürlich durch Hierarchie und Weisungsbefugnis noch mal etwas anderes. Bei Anweisungen, die mir nicht nachvollziehbar waren, bin ich so vorgegangen: Erst einmal verhalten zustimmen und am nächsten Tag mit ›Ich habe noch einmal darüber nachgedacht, sollten wir nicht‹ nachlegen. Das hat oft gut funktioniert.« (Vertriebsleiterin)

»Klingt einfach, ist jedoch für Frauen schwer: konsequent bei der eigenen Haltung bleiben und sich nicht durch männliche Verhaltensweisen verunsichern lassen. Heißt, die eigenen Standpunkte – sollten sie kein Gehör finden – immer wieder wiederholen.

• Männliche Verunsicherungen unterbinden, zum Beispiel unterbrechen Männer Frauen sehr gerne, sehr schnell bei deren Ausführungen. Immer dagegenhalten, nie zurückstecken und eingeschüchtert nichts mehr sagen (machen Frauen oft), Verhalten benennen: ›Sie unterbrechen mich jetzt zum wiederholten Mal, dürfte ich meine Ausführungen bitte zu Ende bringen. Danach höre ich Ihnen gerne aufmerksam zu.‹

• Zweiter Punkt: gegebenenfalls lauter werden, um sich durchzusetzen. Frauen neigen dazu, immer leiser zu werden, je mehr Gegenwehr sie spüren. Das Gegenteil sollte der Fall sein, Stimme leicht erhöhen, um sich Gehör zu verschaffen.

• Männliche Gegenargumente immer hinterfragen, wenn sie (was oft der Fall ist) oberflächlich sind:
Beispiel: ›Das ist in unserem Unternehmen nicht durchsetzbar.‹ (Warum? Wer verhindert das? Nennen Sie mir ein Beispiel.)
Beispiel: ›Haben wir schon längst ausprobiert – funktioniert nicht.‹ (Wann war das? Wer kann mir denn genau die negativen Erfahrungen schildern?)
Beispiel: ›Zu teuer.‹ (Wie sieht denn genau der Kostenrahmen aus, der nicht überschritten werden sollte?)

• Grundsätzlich gilt: Männer sind von ihren (oftmals) Halbwahrheiten total überzeugt, Frauen trauen sich erst aus der Deckung, wenn sie ihre Argumente bis ins Letzte durchkonzipiert haben. Das ist falsch – einfach mal mit viel Chuzpe eine Idee, einen Vorschlag raushauen, auch wenn er noch nicht bis ins Kleinste durchdacht ist.

- Letzter Punkt: die Wortwahl. Frauen benutzen gerne Sätze, aus denen schon die Unsicherheit der eigenen Argumente herausspringt: ›Vielleicht könnte man ja mal versuchen, es soundso zu machen.‹, ›Ich hätte da noch einen Vorschlag, auch wenn ich nicht sicher bin, ob der hier passt.‹ Bitte sein lassen, machen Männer nicht, sollten Frauen auch nicht. Klare, kurze überzeugende Sätze: ›Ich schlage vor, es soundso zu versuchen!‹ Niemals schon in der Erläuterung zur eigenen Haltung oder zum eigenen Vorschlag eine Unsicherheit einbauen.« (Bereichsleiterin)

2. Wie führe ich am besten eine Verhandlung mit einem männlichen Gegenüber?

»Selbstbewusstsein, Chuzpe und Angstfreiheit sind in den meisten Verhandlungen oder Präsentationen gut und wichtig für den Erfolg. Meine Erfahrung ist aber leider auch, dass ich bei einer bestimmten ›Sorte‹ Mann machen kann, was ich will/kann. Es fruchtet nicht. Bei Präsentationen ist das kein Problem, bei Verhandlungen kommt es darauf an, ob der Person daran gelegen ist, den Deal zu machen. Bei Vorstellungen um Beratungsmandate hilft nichts. Die bekomme ich nicht. Diese Männer sind über 55, sehen Frauen in einer bestimmten Rolle, die definitiv nicht in einer Führungsposition ist, und handeln dementsprechend. Dieser Typus ist mir in meiner beruflichen Laufbahn – auch bevor ich Beraterin war – mehrfach begegnet. Das Ergebnis war immer das gleiche. Ich habe den Job / das Mandat nicht bekommen. Ob diesen Personen bewusst ist, was sie tun, hat sich mir bislang nicht erschlossen.« (Pharmaberaterin)

»Grundsätzlich bin ich angstfrei, wenn ich mit Männern etwas verhandeln oder wenn ich ihnen etwas ›verkaufen‹ muss. Ich weiß nicht, ob ich immer eine ganz bewusste Strategie anwende, aber ich bin auf jeden Fall der Meinung, dass Selbstsicherheit ein wichtiger

Schlüssel ist. Wenn ich weiß, was ich will, kann ich das auch gut vermitteln, und meine Aussagen wirken dann auch verbindlich.

- Dazu muss ich aber auch sagen, dass ich immer gut vorbereitet in das Gespräch / die Verhandlung gehe.

- Was ich auf jeden Fall gerne mache, ist direkten Augenkontakt herzustellen, dann kommt beim Gegenüber auch an, dass ich weiß, wovon ich spreche. Ich wirke dann wahrscheinlich sicherer und zuverlässiger. Freundlich, aber selbstbewusst und mit klaren Ansagen, das hat bei mir bisher gut funktioniert.

- Mit freundlich meine ich aber nicht dieses ›präventive Lächeln‹, das oft von uns Frauen erwartet wird, was ich als ›mädchenhaft schüchtern‹ empfinde.

- Ich stehe/sitze auch bewusst aufrecht, zum einen, weil ich mir einbilde, dass meine Stimme dann besser/sicherer klingt, und zum anderen, weil ich ja auch nicht die Größte bin.

- Wenn es Konflikte gibt, dann versuche ich immer auf meine Forderungen zu bestehen, wenn es sein muss, mehrmals und konsequent. Verhandlungen ja, aber erst, nachdem meine Position klar ist. Nachgeben bzw. Kompromisse eingehen kann ich ja immer noch, wenn es wirklich nicht anders geht.

- Und wenn ich mal zu einem Termin gehe, von dem ich weiß, dass es Probleme geben könnte, ziehe ich auch schon mal höhere Schuhe und hochwertigere, klassisch elegante Sachen an. Dann fühle ich mich größer und professioneller.

- Im Falle, dass ich etwas nicht weiß oder nicht kenne, sage ich es und füge hinzu, dass ich mich gerne kundig mache. Das finde ich auf jeden Fall besser, als drum herum zu reden oder etwas zu behaupten, von dem ich nicht sicher bin und was sich nachher eventuell als falsch rausstellen könnte.« (Geschäftsführerin)

»Henry Ford schrieb (und da hat er bestimmt an keine Frau gedacht): ›Wenn es ein Geheimnis des Erfolges gibt, dann den Standpunkt des anderen zu verstehen und die Dinge mit seinen Augen zu sehen.‹ Ich übersetze das mal in mein Berufsbild. Ich arbeite zu 90 Prozent mit Männern zusammen, ich bin in meinem Betrieb weisungsbefugt und habe in der Regel männliche Auftraggeber. Ich hänge also in dem operativen Zwischenraum – auch Panching Zone genannt. Ohne zu beiden Seiten zu schauen, sich hineinzufühlen, geht es nicht. Warum will der Auftraggeber jetzt nicht entscheiden, oder warum gibt er gerade so viel Druck weiter? Was hindert den Ausführenden daran, seine Aufgabe plangerecht umzusetzen? Verstehe ich das, kann ich in der Verhandlung mein Gegenüber ernst nehmen und auf ihn eingehen, und wir kommen zu einem guten Ergebnis.

Sehe ich nur mich und mein Ziel, sehe ich zu kurz und falle über das erste gespannte Seil … und die Verhandlungsführung ist futsch.« (Architektin)

3. Wie gehe ich mit Machtdemonstration um?

»Direkt frauenfeindliche oder -verachtende Behauptungen habe ich von Männern im Gespräch bisher kaum erlebt. Vielleicht mal vermeintlich witzige Klischees, aber die ignoriere ich einfach, ich lasse die ins Leere laufen.

Ich glaube, meine Position macht es mir aber auch einfacher: gegenüber meinen Subunternehmern bin ich Auftraggeberin. Gegenüber meinen Kunden bin ich diejenige, die einen guten Service bietet und das Geschäft des Messebaus besser als sie kennt.« (Geschäftsführerin)

»Machtdemonstration, ja die gibt es in unterschiedlichen Formen:
Geht es nur darum festzustellen, wo man (Mann) steht, dann ist es einfach. Auch da will das Gegenüber oft nur klarstellen, dass er nicht (von einer Frau) angegriffen werden will. Wenn ich deutlich mache, wo mein Kreis und sein Kreis sind, dann gibt es nur die Schnittfläche, die zur Umsetzung der Ziele notwendig ist. Kein Machtverlust = keine Machtdemonstration notwendig.

Geht es darum, dass eben diese Männermacht durchbrochen wird, dann wird es schwieriger: Ist ein Mann bis dato mit einer Aufgabe betraut, die ich jetzt ausüben soll, stellt sich zunächst die Frage, ob ich mit ihm zusammenarbeiten muss. Wenn ja, ist es individuell lösbar, oft hilft hier, den anderen ernst in seiner neuen Rolle zu nehmen (die ja nicht freiwillig ist). Und ein eigenes Aufgabenfeld mit eigenen Kompetenzen für ihn zu schaffen. Das geht oft gut und wird dann eine Bereicherung.

Wichtig ist auch zu wissen, wo ich selber stehe, kenne ich mich gut genug, dann spürt der andere das auch. Selbstsicherheit hat nichts mit Überheblichkeit zu tun.« (Architektin)

»Je weiter man sich vom Sinn entfernt, so meine These, desto mehr entstehen im Sinnvakuum die Machtspiele.« (Geschäftsführerin Sozialverband)

»Wie gehe ich mit Machtdemonstration um? Zwei Möglichkeiten:

• Ignorieren und so tun, als hätte man sie nicht mitbekommen, beharrlich freundlich und vor allem souverän weiter bei seinen eigenen Argumenten bleiben.

• Dagegenhalten. Gegenpol zu Macht ist Opposition. Und vor allem niemals auf Machtdemonstrationen persönlich oder beleidigt reagieren. Dann merken die Machtausübenden, dass

sie damit durchkommen. Hohe Kunst (und erfordert sehr viel Selbstbewusstsein) ist, humorvoll oder ironisch dagegenzuhalten:
›Auch wenn Sie sich jetzt hier mächtig aufplustern, das Argument bleibt für mich schwach.‹

›Sie sind jetzt zwar sehr laut geworden, inhaltlich habe ich aber jetzt nichts Neues gehört.‹

›Wenn wir mit den Sandkastenspielen fertig sind, können wir dann wieder zur Sache kommen?‹

Grundsätzlich hast du natürlich absolut recht. Die drei Eigenschaften Angstfreiheit, Selbstbewusstsein und klare Körpersprache sind entscheidende Voraussetzungen.

Angstfreiheit: Was soll denn groß passieren, wenn frau ihre Meinung vertritt oder dagegenhält? Wenn diese Haltung im Unternehmen nicht erwünscht ist, ist es eh der falsche Job.

Selbstbewusstsein: Kleine und große Erfolge aufschreiben und ggf. auch mal anderen erzählen. Nicht zögern, mit Erfolgen auch mal zu ›prahlen‹ (machen Männer ständig), zum Beispiel: ›Ach, ich freu mich, dass meine Idee so gut angekommen ist‹, ›Was bin ich froh, dass meine Entscheidung zu so einem guten Ergebnis geführt hat.‹

Körpersprache: Männer immer forsch in die Augen schauen, nicht den Blick senken. Am besten dabei lächeln, selbst wenn sie gerade etwas Freches oder Beleidigendes gesagt haben, das irritiert sie sehr und demonstriert Souveränität (›Egal was du sagst, ich bin noch gut drauf‹).

Kleine Tricks: In Sitzungen sich möglichst forsch direkt neben den Chef oder die Chefin setzen, alternativ immer direkt neben den ärgsten Widersacher. Zeigt: ›Ich habe keine Angst.‹

Etwas Überraschendes tun: zum Beispiel positive Rückmeldungen zu Argumenten von anderen geben, und zwar laut dazwischenrufend: Das finde ich mal ein gutes Argument! Wirklich eine gute Idee!

In größeren Runden beim eigenen Wortbeitrag einfach mal aufstehen und nach vorne gehen (›Ach, ich steh mal auf und geh nach vorne, dann können Sie mich alle besser verstehen‹), dann ist frau sofort überlegen. Die vorne steht, die führt.« (Bereichsleiterin)

Jede Führungsfrau beschreibt auf ihre Weise, wie sie sich mit einer klaren inneren und äußeren Haltung männlichen Kollegen, Vorgesetzten oder Kooperationspartnern gegenüber behauptet. Haltung, Blick, Stimme sind dabei wichtige Faktoren, ebenso wie eine positive Einstellung sich selbst gegenüber. Über dieses Zusammenspiel von äußerer Haltung und innerem Mindset stellt sich die Selbstsicherheit ein, die frau braucht, um herausfordernde Situationen zu meistern.

Aus den Antworten der Bereichsleiterin lässt sich eine weitere wichtige Kompetenz herauslesen, auf die ich kurz eingehen möchte: Schlagfertigkeit – die Fähigkeit, in Situationen souverän und treffend zu reagieren.

8. Wie werde ich schlagfertiger?

Gehören Sie eher zu der Kategorie Mensch, dem die passenden Sätze erst einen halben Tag später einfallen? Ich habe es oft bedauert, nicht schlagfertig zu sein, und war tatsächlich der Ansicht, dass diese Fähigkeit nicht erlernbar sei. Und habe mich mit der Krücke angefreundet, eben erst mit zeitlicher Verzögerung eine Antwort nachliefern zu können. Doch dann entdeckte ich das Seminar der »Karrierehelferin« Bettina Schilling »Schlagfertigkeit statt Sprachlosigkeit: Herausfordernde Gesprächssituationen souverän meistern« und meldete mich neugierig an. Was soll ich sagen: Tatsächlich hatte ich nach einem (!) Trainingstag den Eindruck, dass sich meine vermeintliche Schwäche in eine Stärke verwandeln lässt. Zudem verstand ich, dass ich bestimmte Methoden, wie zum Beispiel die »Rückfrage-Technik«, bereits anwandte, diese Kommunikation jedoch bisher nicht als schlagfertig bewertet hatte. Bettina Schilling gelang es gekonnt, in mir die Freude am Spiel mit Worten zu wecken und mich mutiger in herausfordernden Gesprächssituationen zu zeigen. Eine von vielen Kernbotschaften, die ich aus dem Seminar mitnahm, ist: Kritische Worte werden dadurch entkräftet, dass man nicht auf sie eingeht! Lasse ich die Wortspitzen nicht zu, können sie mich auch nicht treffen. Dieses bewusste Überhören setzt voraus, dass ich mir über meine wunden Punkte, über meine Bedürfnisse und Interessen bewusst bin – und zu alldem stehe. Selbstannahme und Selbsterkenntnis bilden also die Grundlage dafür, in bestimmten Situationen schnell und klar zu agieren. Auch unsere Seminarleiterin betonte, dass Selbstachtung die Voraussetzung dafür sei, Achtung von anderen einzufordern.

Wie interessant, nicht wahr? Ist Selbst-Wert-Schätzung doch auch die Grundlage für Gelassenheit (Kapitel 2) und für die Fähigkeit, Konflikte gut zu lösen (Kapitel 3 und 4). Je tiefer Sie mit mir in die Welt der Kommunikation eintauchen, desto deutlicher wird, dass eine erfolgreiche Wirkung im Außen eine geklärte innere Gedanken- und Gefühlswelt voraussetzt. Präsenz nennt sich der Zustand, der andere Menschen überzeugt und den man für eine schlagfertige Reaktion benötigt. Denn um eine Situation blitzschnell einschätzen und die Details einer Botschaft erfassen zu können, sollte ich mit mir im Reinen, aufmerksam und wach sein. Dann kann ich mit »wenigen wirkungsvollen Worten«[22] eine verbale Attacke nach allen Regeln der Kunst erwidern.

Doch wie fast überall im Leben macht auch hier nur Übung den Meister und die Meisterin! Es gibt eine große Anzahl von Schlagfertigkeitstechniken und auch regelrechte Übungsbücher wie das von Karsten Bredemeier »SchlagFertigkeit« mit 50 Techniken, 800 Beispielen und 200 Übungen. Vielleicht etwas für den nächsten Urlaub, denke ich, meine Liebste könnte vielleicht Gefallen daran finden, mich ab und an mit verbalen Frechheiten zu überraschen, auf die ich dann spontan und kreativ antworten muss. Ja, wenn ich etwas länger darüber nachdenke: Das könnte Spaß machen.

Ich stelle hier einige der gängigsten Techniken vor und lege Ihnen ans Herz, selbst ein Seminar zu besuchen, in dem Sie Ihre Schlagfertig- und Durchsetzungsfähigkeit verbessern lernen. Die Techniken stammen zum Teil aus dem Seminar mit Bettina Schilling, zum Teil aus dem lesenswerten Artikel »Schlagfertigkeit. So kontern Sie jeden Spruch« von Anja Rassek[23] oder aus einem der in der Literaturliste aufgeführten Bücher. Die »Karrierebibel« im Netz ist nebenbei bemerkt ein hervorragendes Nachschlagewerk für alle Jobsiuationen.

Schlagfertigkeits-Techniken:

Die Rückfrage

ist relativ einfach. Das dahinterliegende Prinzip heißt: Wer fragt, der führt.

Antworten Sie bei kritischen Fragen, Einwänden oder Unterstellungen mit einer Gegenfrage. So gewinnen Sie zum einen Zeit, da der oder die Angreifer*in nun erst einmal eine passende Antwort finden muss. Wirkungsvolle Fragen sind offene Fragen, die meisten beginnen mit dem Buchstaben W: »Was genau verstehen Sie unter…?«, »Worum geht es Ihnen genau?«, »Wie könnte eine Lösung Ihrer Meinung nach aussehen?«, »Wie kommen Sie darauf?«

Die unerwartete Zustimmung

Wenn Sie jemand mit einer rhetorischen Frage aufs Glatteis führen will oder einen Vorwurf macht, rettet Sie eine einfache Bestätigung wie »So ist es«, »Gut beobachtet«, »Ganz genau«, »Stimmt«, »Richtig«, »Was Sie nicht sagen«. Ihr Angreifer wird perplex sein und bestenfalls mit Ihnen lachen. Grundlage dieser Technik ist, dass Sie die Worte nicht ernst oder persönlich nehmen, sondern durch die Zustimmung sogar noch bekräftigen. Dadurch wandelt sich die Behauptung ins Absurde oder Lächerliche. Der Punkt geht an Sie, der Angriff läuft ins Leere.

Die Ansage

wirkt dann besonders gut, wenn Sie den Eindruck haben, dass Ihr Gegenüber seinen Status über Sie erheben oder seine (vermeintliche) Machtposition ausspielen will. Zum Beispiel: Sie halten einen Fachvortrag in einem voll besetztem Saal. Ein Schlaumeier macht ständig Zwischenrufe und versucht, Sie dadurch aus dem Konzept zu bringen. Klare, knappe Ansagen sind hier genau richtig, wie: »Warum stören Sie meinen Vortrag?«, oder »Bitte bleiben Sie sachlich.« Fangen Sie nicht an, auf seine

Äußerungen einzugehen oder gegen ihn zu argumentieren. Damit bewegen Sie sich auf die – siehe oben – High-Talk-Ebene, die in diesem Moment wirkungslos ist. Gerade Männer brauchen in solchen Momenten geistiger Verwirrung klare Ansagen.[24] Die anderen Zuhörer*innen werden Ihnen dafür dankbar sein. (Allerdings kann es Ihnen wie mir nach einem Seminar ergehen, als mich eine Teilnehmerin ansprach, wieso ich denn so »barsch« gegenüber einem Teilnehmer gewesen sei. Nicht jeder Frau ist eine andere durchsetzungsstarke angenehm.)

Das Kompliment
Für diese Taktik braucht es tatsächlich einiges an Selbstbewusstsein. Sie beruht darauf, eine Kritik oder abfällige Bemerkung mit einem ironisch gemeinten »Dankeschön« zu entkräften. Hier das Beispiel (von Anja Rassek):»Während einer Präsentation werden Ihre Ausführungen als überflüssig bezeichnet. Sie kontern:
- Ein toller Einwurf. Darf ich ihn aufschreiben?
- Ich bin schwer beeindruckt.
- Kompliment! Diese gewitzte Bemerkung hätte ich Ihnen gar nicht zugetraut.
- Vielen Dank für die Lebenshilfe.«

Wer nun denkt: *Ohmannohmann, so schlagfertig werde ich nie …* Die mentale Vorbereitung auf eine Präsentation ist das A und O! In der Regel bereitet man sich inhaltlich auf eine Rede oder Präsentation vor und vergisst dabei, dass Gelassenheit, Körperhaltung und Ausstrahlung nahezu 90 Prozent der Wirkung ausmachen. Wenn Sie jedoch schon dabei sind, sich auch mental vorzubereiten, können Sie sich doch auch ein paar schlagfertige Antworten auf mögliche Kommentare ausdenken:).

Die Ebene wechseln

Stellen Sie sich vor, Sie werden vor einer Gruppe von Menschen, sei es Ihr/e Kolleg*innen oder auf einem Fachmeeting von jemanden, der Ihnen nicht wohlgesonnen ist, mit einer persönlich abwertenden Äußerung wie »Sie kochen ja auch nur mit Wasser« oder »Sie sind auch nicht die hellste Kerze auf der Torte« bedacht. Das Dumme ist allerdings in einer solchen Situation, dass entweder betretenes Schweigen eintritt oder kollektives verlegenes Lachen. Sie wollen den Spruch natürlich nicht auf sich beruhen lassen, jedoch wäre – siehe oben – High Talk hier mal wieder fehl am Platz. Auch ein pikiertes »Wie kommen Sie denn darauf?« würde die Aussage nicht entkräften, sondern Sie würden schlimmstenfalls dem Angreifer Tür und Tor zu weiteren abfälligen Äußerungen öffnen. Was hilft, ist der Wechsel der Ebenen – von der Rede zur Beziehung. »Das Gesprächsverhalten des Gegenübers ist nicht okay. Also sagen Sie es ihm«[25], zum Beispiel auf diese Weise:

»Sind Sie sicher, dass Sie sich gerade nicht selbst bloßstellen?«

»Diese Abwertung lässt ja tief in Ihre Abgründe blicken.«

oder auch:

»Lassen Sie uns bitte einmal zur Seite gehen und klären, wieso Sie sich so mir gegenüber verhalten. Sie entschuldigen uns gerade (in die Gruppe grinsen!).«

Bredemeier empfiehlt zudem eine weitere, wie ich finde, verblüffend einfache Technik:

»Die emotionale gelbe Karte«[26]

Eignet sich besonders bei einem Gegenüber, das nur noch auf Konfrontation aus ist, also sich sarkastisch oder polemisch verhält oder sich in persönlichen Vorwürfen ergeht.

- »Lehnen Sie sich zurück,
- lächeln Sie Ihr Gegenüber an,
- fragen Sie (…): ›Was soll das?‹«[27]

Großartig, nicht wahr? Souverän zurücklehnen und einfach nur eine Frage stellen: »Was soll das?« Heißt: bis hierhin und nicht weiter. Ich spiele den Ball jetzt mal schön zurück. Also mir fällt da ein Präsident ein, bei dem man diese Technik ständig anwenden könnte …

Bevor ich nun weitere Techniken aufliste, schlage ich Ihnen besser vor, sich einen Vorrat an schlagfertigen Antworten zuzulegen, die Sie ohne großes Nachdenken anwenden können.

Saskia Schottelius empfiehlt zum Beispiel folgende:

»An Ihrer Stelle würde ich das auch sagen.«

»Sie hätten mich mal gestern sehen sollen.«

»Ach, das reimt sich gar nicht.«[28]

Auch diese schlagfertigen Antworten eignen sich gut zum Auswendiglernen[29]:

- Tatsächlich?
- Würden Sie das auch Ihrer Frau (Ihrer Tochter) so sagen?
- Das kann ich so nicht stehen lassen.
- Aha. Wenn Sie meinen.
- Polemik hat noch kein Problem gelöst.
- Besser hätte ich es nicht sagen können.
- Okay. Super. Nächster Punkt.
- Dann hätten Sie das ja schon mal geklärt.
- Das sehe ich anders!
- Sie verallgemeinern! Lassen Sie es uns differenzierter betrachten.
- Wenn das Ihre Frage ist, wie könnte eine Lösung aussehen?
- Mit der Haltung kommen wir nicht weiter.

Ich hoffe, dass Ihnen bereits das Lesen dieses Kapitels so viel Spaß gemacht hat wie mir das Schreiben und Ausprobieren von frechen, verblüffenden Antworten.

Männerspiele

In der Einleitung zu diesem Kapitel hatte ich ja angekündigt, dass ich noch Hinweise zu männlichen Verhaltensweisen gebe, die Peter Modler (ein Mann, der darf das ja so sagen!) als Hierarchie- und Rivalitätsspiele bezeichnet.

Wer lange genug berufstätig ist, kennt sicherlich diese Szene zu Beginn eines Meetings: Die männlichen Kollegen reden etwa zehn Minuten über – aus Frauensicht – Nebensächlichkeiten. Es geht um Autos, Uhren oder auch den nervigen Kunden von vorhin. Während Frauen gerne mit dem Meeting beginnen würden, müssen Männer erst einmal klären, wer die Nummer eins am Tisch ist. Ist dies allen klar, kann mit der Arbeit begonnen werden. Was für Frauen überflüssig wirkt, ist für Männer ein Spiel, das sie aus Kindertagen kennen: Kräfte messen mit den anderen Jungs. Sowohl auf einer verbalen High-Talk- (»Also der XY hat in der Sache ja keine besonders gute Ausgangslage«) als auch auf der Small-Talk-Ebene (»Na, mal wieder nicht aus dem Bett gekommen?«) funktioniert das Hierarchiespiel auch sehr gut körpersprachlich zum Beispiel so: Man kommt zu spät, man lässt das Handy klingeln und geht demonstrativ damit raus, man reißt das Fenster oder seine Aktentasche laut auf. Überhaupt: Lärm machen, Männer verhalten sich gern lauter, denn dann ist ihnen die Aufmerksamkeit aller gewiss.

Peter Modlers Erklärung klingt sehr verständlich: »Dieses hierarchische Spiel ist emotional gesehen für Männer tatsächlich ein Spiel, das noch lange nicht als beleidigend oder verletzend von den Beteiligten empfunden wird. Es ist eher eine Art sportlicher Wettkampf, der aber im Ergebnis eine hohe politische Bedeutung haben kann.«[30]

Auch Marion Knaths spricht in ihrem gleichlautenden Buch von „Spielen mit der Macht"[31] und rät Frauen, die in Meetings Gehör finden wollen, sich am Gerangel um die Platzierung zu beteiligen. Beziehungsweise das Spiel zu verstehen und mitzuspielen. Auch 200 Jahre nach der Einführung des Wahlrechts für Frauen werden die Regeln in Unternehmen überwiegend von Männern bestimmt. Es besteht Anlass zur Hoffnung, dass agile Arbeitsbeziehungen die traditionellen Machtverhältnisse aufbrechen werden, doch momentan sieht die Realität für die meisten Frauen anders aus. Sie müssen sich in das bestehende Machtsystem einfügen und das bedeutet: die Regeln zu beherrschen und in einem spielerischen Sinne zu eigen zu machen. Marion Knaths Buch bietet dafür viele wichtige Informationen.

Auch Schulterklopfen, flotte Sprüche zueinander, anerkennendes Grinsen sind männliches Verhalten, das tagein, tagaus in den Bürofluren zu beobachten ist. Nicht bei allen, aber je nach Kontext immer wieder. Für Frauen oft unverständlich, weil sie die geäußerten Sprüche sich selbst gegenüber als verletzend oder herabsetzend empfinden würden. Doch bei Männern gilt: »Der tut nichts, der will nur spielen.« Und da sie seit Kinderbeinen auf diese Art und Weise mit anderen balgen und dabei Vergnügen empfinden, werden sie mit dem Spielen auch im Job nicht aufhören. Frauen fragen sich derweil, wann es denn mal gut ist mit den Sprüchen und der gegenseitigen Schulterklopferei. Doch Peter Modler stellt dazu fest: »Warum sollte man mit einem Spiel aufhören, das so viel Spaß macht?«[32]

Fazit für Frauen: Nicht alles ernst nehmen, was zwischen Männer passiert, und auch bitte nicht alles, was sie Ihnen gegenüber äußern. Gestern Abend im TV gab es ein wundervolles Beispiel von einer WDR-Live-Reporterin dazu: Ihr Gesprächspartner meinte vor laufender Kamera sagen zu müssen: »Du siehst aber auch schon ganz schön mitgenommen aus.« Die Reporterin konterte geschickt: »Immer engagiert bei der Sache«, und nahm einer unbedachten Äußerung sogleich den Wind aus den Segeln.

Humor und Schlagfertigkeit hören allerdings bei sexistischen Sprüchen und bei echten Regelverstößen auf. Zum Beispiel, wenn ein Kollege Ihre gute Idee zu seiner macht. Dann sind Sie aufgefordert, den Kollegen in die Schranken zu weisen und die Urheberschaft vor versammelter Mannschaft richtig zu stellen.

Sexualisierte Belästigung

Vom lustig gemeinten Spruch bis zu einem herabsetzenden ist es allerdings nicht weit. Solange beide – Mann wie Frau – ehrlich über das Gesagte lachen können, liegt keine Diskriminierung vor. Doch wenn Ihnen als Frau das Lachen im Hals stecken bleibt oder Sie gute Miene zum bösen Spiel machen (müssen), ist eine Grenze überschritten. »Latenter Sexismus« ist leider in vielen Unternehmen, Institutionen und Vereinen vertreten. Seit der #metoo-Debatte haben Frauen ihr Schweigen gebrochen und sexuelle Belästigungen wie tätliche Übergriffe öffentlich gemacht. Das ist gut und richtig so, denn »bei sexueller Belästigung in der Arbeitswelt geht es nicht um einen Flirt, sondern um eine besonders unprofessionelle Form der Machtausübung und damit um eine Verletzung der Menschenwürde«[33].

Es wurde und wird weiterhin viel darüber diskutiert, was denn der Unterschied zwischen einem Kompliment und einer sexuellen Belästigung sei. Wo ist die Grenze, was darf noch sein? Sowohl ein Kompliment wie eine sexualisierte Bemerkung zielen oftmals auf die äußere Erscheinungsform einer Frau: Ist der Rock (zu) kurz? Der Ausschnitt (zu) tief? Die Figur insgesamt »unpassend« für das Kleid? Bei einem Kompliment kann sich die Frau wertgeschätzt fühlen, muss sie jedoch nicht. Die Art und Weise, wie die Äußerung getätigt wurde, war freundlich gemeint, möglicherweise humorvoll oder spaßig. Die Bemerkung war jedoch nicht beleidigend, herabsetzend, einschüchternd oder erniedrigend. Bei einer sexuellen Belästigung liegt aber mindestens eines dieser Merkmale vor – denn sexualisierte Bemerkungen und Übergriffe sind entwürdigend gemeint. Sie betonen Geschlechterstereotypen (egal ob über Frauen, Männer, diverse Personen) und erheben sogleich einen Machtanspruch: *Ich habe hier etwas zu sagen, du nicht, du bist nichts.* Bei sexualisierten Belästigungen geht es darum, eine Frau in ihre vermeintlich biologischen Grenzen zu verweisen, ihr klarzumachen, dass sie aufgrund ihres weiblichen Geschlechts minderwertig oder machtlos ist. Philip Wolf, Textchef des Männermagazins »Playboy«, äußerte sich im November 2017 in der WDR-Sendung »Ihre Meinung: Flirten oder Grapschen – Wo fängt Sexismus an« dazu: »Das gestörte Verhalten einzelner Männer hat nichts mit männlicher Sexualität im Allgemeinen zu tun.« Jeder Mann, der den Unterschied zwischen Flirten und Übergriff nicht unterscheiden kann, gehöre auf die Couch.[34]

Da Unternehmen in der Regel hierarchisch strukturiert sind und Männer überwiegend die höheren Positionen innehaben, liegt hier ein strukturelles Machtgefüge vor, das von Männern ausgenutzt werden kann, um ihre eigene Position zu festigen oder andere zu degradieren. Sexuelle Übergriffe im Unternehmen gehen zu etwa 80 Prozent von Männern aus, interessanterweise überwiegend gegenüber Kolleg*innen auf gleicher Ebene. In weitaus selteneren Fällen, in denen Männer diskriminiert werden, sind die Angreifer ebenfalls männlich.[35]

Fazit zum Thema Durchsetzungsfähigkeit von Frauen gegenüber Männern:

Als Frau brauche ich einen gut bestückten Handwerkskoffer, in dem Werkzeuge bereitliegen, um mich verbal und körperlich vor Angriffen der männlichen Kollegen zu schützen oder um ihnen Paroli zu bieten. Selbstbewusstsein und gut ausgebaute Kommunikationsfähigkeiten sind das eine, Humor, Schlagfertigkeit und Body Talk das Weitere. Gehen die Sprüche jedoch unter die Gürtellinie oder zielen sie darauf ab, meinen Wert oder meinen Status im Unternehmen zu untergraben, kann und sollte ich mir Hilfe von Vertrauensleuten, Kolleg*innen, Vorgesetzten holen. Arbeitgeber*innen haben die Pflicht, ihre Mitarbeiter*innen vor Diskriminierung zu schützen und Hilfsangebote zu etablieren.[36]

9. Schlusswort und Dank:
Relax your work©

Zeitmanagement, Gelassenheit, Umgang mit Konflikten, schwierigen Gefühlen und ebensolche Kolleg*innen, Durchsetzung sowie Schlagfertigkeit – dieser »Kleine Jobcoach« ist ein ganz schöner Ritt durch die Täler und Höhen der Kommunikation geworden. Durch die Kommunikation mit mir selbst und die mit anderen. Fein verwoben sind die Themen miteinander. Eins bedingt das andere. Gedanken – Gefühle – Geist – Körper – Haltung – Verhalten. Wie gehe ich mit mir um? Wie mit meiner Zeit? Wodurch lasse ich mich stressen? Und wie grenze ich mich souverän ab? Wie gelingt die Zusammenarbeit mit anderen?

Ich hoffe, dass die eine oder andere Frage, die Sie schon lange umgetrieben hat, durch den kleinen Jobcoach beantwortet wurde.

Als ich 2003 die Ausbildung zum Coach begann, war mir noch nicht bewusst, dass mein Herz für all die menschlichen Themen schlägt, die als schwierig empfunden oder erlebt werden. Heute weiß ich es und spüre mit Freude Lösungen für komplexe Themen auf. Die hier aufgeführten Methoden sind nur eine kleine Auswahl im großen Repertoire der Kommunikationstechniken. Doch es geht nicht um Masse, sondern darum, Komplexität auf das Wesentliche zu reduzieren. Oder um mit Ignatius von Loyola zu sprechen: »Nicht das Vielwissen sättigt und befriedigt die Seele, sondern das (…) Verkosten der Dinge von innen.«[37]

Danken möchte ich meiner Frau Elke, für ihren unerschütterlichen Glauben an meine Autorenschaft sowie für unsere bereichernden Tischgespräche über die Höhen und Tiefen des Arbeitslebens. Du bist eindeutig mein »Chuzpe- und Durchsetzungs-Vorbild«. Helmut Lotz danke ich aus tiefstem Herzen für viele Jahre Freundschaft und dafür, und dafür, dass er sich meines Textes, der Kommafehler und stilistischer Ungereimtheiten angenommen hat. Ohne seine Unterstützung wäre dieses Buch vielleicht nicht entstanden. Herzlichen Dank an Melissa Jäger für die schönen Titelzeichnungen und an Rainer Zenz für die kreative Umsetzung des Titels. Meiner Tochter Leona danke ich für unsere erkenntnisreichen Gespräche über Feminismus, Politik und das Leben an sich. Last but not least möchte ich meinem Bürokollegen Herbert Urmann für Austausch und fachlichen Input danken.

Sibylle Kaminski, im Oktober 2019
www.relaxyourwork.de

Fußnoten

1 Abgeleitet vom sogenannten »Eisenhower-Prinzip«, nach dem Aufgaben in die Kategorien: Wichtig / Dringend / Wichtig und Dringend / Unwichtig eingeteilt werden. Es gibt keine Hinweise darauf, dass der namensgebende US-Präsident D. Eisenhower das Prinzip selbst praktiziert oder gelehrt hat. Dank für den Input an meine Kollegin Christa Stadler, www.christa-stadler.de

2 Mahatma Gandhi

3 Dank an Lama Taschi, 2006 im Dharmazentrum Bordo

4 Michaele Kundermann beschreibt in ihrem Buch »Emotionale Stresskompetenz« auf beeindruckende Weise, wie unser Nervensystem selbst bei der kleinsten Bedrohung das komplette Stressprogramm lostritt.

5 Arbeitsblätter und weitere Informationen finden Sie hier: www.thework.de

6 Kondratieffs Theorie der langen Wellen, in denen sich Konjunktur entwickelt, bleibt auch über 90 Jahre nach seiner Veröffentlichung interessant, um aktuelle Entwicklungen wie Gesundheit, Digitalisierung und vieles mehr zu verstehen. Siehe: www.kondratieff.net

7 Man lese die Berichte der Krankenkassen zur Zunahme von psychischen Erkrankungen und/oder Schlafstörungen, um zu wissen, wie es um die Deutschen steht. Zum Beispiel diese aktuelle Studie: https://www.pronovabkk.de/presse/pressemitteilungen/studie-87-prozent-der-menschen-in-deutschland-sind-gestresst-79addf9e77ddbbef

8 www.relaxyourwork.de/veranstaltungen

9 Die drei Schritte der Konfliktlösung entstammen ursprünglich auch der »Gewaltfreien Kommunikation« nach Marshall Rosenberg.

10 Wenn Sie sich unsicher sind, um welches Gefühl es sich genau handelt, werden Sie sicherlich in den sogenannten Gefühlslisten der Gewaltfreien Kommunikation fündig. Diese sind zahlreich im Internet veröffentlicht.

11 Dank an Carola Spiekermann für die Abdruckgenehmigung der Übersicht

12 Quelle: Wikipedia

13 Quelle des gesamten Abschnitts über das Stufenmodell von F. Glasl: Wikipedia

14 Paul Watzlawick war ein österreichisch-amerikanischer Kommunikationswissenschaftler, Psychotherapeut, Philosoph. Viele seiner Erkenntnisse waren bahnbrechend, siehe www.paulwatzlawick.de/axiome.html.

15 Dieses Kapitel ist vorrangig für Menschen in hierarchisch aufgestellten Unternehmen geschrieben bzw. speist sich aus deren Erfahrungen und denen klassischer Führungskräfte.

16 In Unternehmen, die sich agil ausgerichtet haben, ist die Hierarchie aufgehoben, und somit sollten Befürchtungen dieser Art (theoretisch) nicht mehr vorkommen.

17 www.schulz-von-thun.de / die-modelle / das-innere-team

18 Ich kenne leider keine deutsche Bezeichnung für einen weiblichen Coach.

19 Selbstverständlich können Sie sich auch über die Primärliteratur schlaumachen, wie der »Internationalen statistischen Klassifikation der Krankheiten und verwandter Gesundheitsprobleme« (ICD-10) oder dem »Diagnostischen und statistischen Handbuch psychischer Störungen« (DSM).

20 Peter Modler: Das Arroganz-Prinzip. S. Fischer Verlag 2009, Seite 46

21 Herzlichen Dank dafür an Kundinnen und Freundinnen!

22 Zitat Bettina Schilling

23 www.karrierebibel.de/schlagfertigkeit/#Taktiken-fuer-mehr-Schlagfertigkeit

24 frei nach Maria Cramer, CoachingAcademie Bielefeld

25 Bredemeier, Seite 61

26 Ebenda, Seite 58

27 Ebenda, Seite 58

28 Saskia Schottelius: Sagen Sie doch, was Sie wollen, Seite 107

29 Dank an Elke Herbst und Sophia Zavelberg

30 Peter Modler: Das Arroganz-Prinzip, Seite 122

31 Marion Knaths: Spiele mit der Macht. Wie Frauen sich durchsetzen. Piper Verlag

32 Modler, Seite 144

33 Expertenforum Arbeitsrecht – efarbeitsrecht.net

34 WDR Fernsehen, Sendung »Ihre Meinung« vom 16. 11. 2017, Moderation Bettina Böttinger

35 Studie »Sexuelle Belästigung am Arbeitsplatz« der Antidiskriminierungsstelle des Bundes zum Themenjahr 2015 »Gleiches Recht. Jedes Geschlecht«

36 Allgemeines Gleichbehandlungsgesetz, § 12, Abs.1

37 Ignatius von Loyola, Geistliche Übungen, Zweite Anweisung, Herder Verlag, 5. Auflage 1967, Seite 15

Literaturempfehlungen

Kommunikation allgemein

Virginia Satir: Selbstwert und Kommunikation. Klett Cotta 23. Auflage 2018

Friedemann Schulz von Thun u. a.: Reihe Miteinander reden
– Allgemeine Psychologie der Kommunikation. Rowohlt Taschenbuch, 56. Auflage 2010
– Stile, Werte und Persönlichkeitsentwicklung. Rowohlt Taschenbuch, 38. Auflage 2010
– Das innere Team und situationsgerechte Kommunikation. Rowohlt Taschenbuch, 27. Auflage 2018
– Miteinander reden von A bis Z, Lexikon der Kommunikationspsychologie. Rowohlt Taschenbuch, 3. Auflage 2012
– Kommunikationspsychologie für Führungskräfte. Überarbeitete Auflage 2008

Wiebke Stegemann / Friedemann Schulz von Thun (Hg.): Das innere Team in Aktion. Rowohlt Taschenbuch, 10. Auflage 2004

Marshall B. Rosenberg: Gewaltfreie Kommunikation. Junfermann Verlag. Überarbeitete und erweiterte Neuauflage 2016

Gelassenheit und Resilienz

Pema Chödron: Geh an die Orte, die du fürchtest. Arbor Verlag, 1. Auflage 2007
– Den Sprung wagen: Wie wir uns von destruktiven Gewohnheiten und Ängsten befreien. Goldmann Verlag, 1. Auflage 2012

Gudrun Fey: Gelassenheit siegt! Mit Fragen, Vorwürfen, Angriffen souverän umgehen. Walhalla und Praetoria Verlag, 15. aktualisierte Auflage 2015

Christopher Germer: Der achtsame Weg zum Selbstmitgefühl. Arbor Verlag, 2. bearbeitete Auflage 2015

Byron Katie: Lieben was ist. Arkana Verlag, 11. Auflage 2012

Michaele Kundermann: Emotionale Stresskompetenz. Die Kunst der Selbstberuhigung. Goldegg Verlag, 2. Auflage 2019

Dr. Miriam Priess: Resilienz. Das Geheimnis innerer Stärke. Südwest Verlag, 2. Auflage 2017

Ina Rudolph: Ich will ja loslassen, doch woran halte ich mich dann fest? Goldmann Verlag, 3. Auflage 2016

Jon Kabat-Zinn: Stressbewältigung durch die Praxis der Achtsamkeit. Arbor Verlag, Buch und Hörbuch, 2014

Umgang mit schwierigen Menschen

François Lelord / Christoph André: Der ganz normale Wahnsinn. Vom Umgang mit schwierigen Menschen. Aufbau Taschenbuch, 18. Auflage 2008

Fritz Riemann: Grundformen der Angst. Reinhardt Verlag, 42. Auflage 2017

Silke Weinig: Mit schwierigen Menschen klarkommen. Wirksame Strategien gegen Choleriker, Dauernörgler und andere Nervensägen. humboldt Verlag 2019

Durchsetzung/Schlagfertigkeit

Jessica Bennett: Feminist Fight Club. Wie sich Frauen am Arbeitsplatz erfolgreich durchboxen. Bastei Lübbe 2018

Karsten Bredemeier: Spontan, souverän und wortgewandt kontern. Goldmann 2014

Marion Knaths: Spiele mit der Macht. Wie Frauen sich durchsetzen. Piper Verlag 2010

Peter Modler: Das Arroganz-Prinzip. S. Fischer Verlag. Überarbeitete Neuauflage 2018

Saskia Schottelius: Sagen Sie doch, was Sie wollen. Oesch Verlag 2009

Sexismus

»Ist doch ein Kompliment« – Behauptungen und Fakten zu Sexismus. luxemburg argumente Nr. 9, herausgegeben von der Rosa Luxemburg Stiftung, Juni 2016

»Was tun bei sexueller Belästigung am Arbeitsplatz?« Leitfaden für Beschäftigte, Arbeitgeber und Betriebsräte. Antidiskriminierungsstelle des Bundes, März 2019

Margarete Stokowski: Unten rum frei, Rowohlt 2016

Margarete Stokowski: Die letzten Tage des Patriarchats. Rowohlt 2018

Originalausgabe
© 2019 Sibylle Kaminski, Köln
Alle Rechte vorbehalten
Titelgestaltung und Satz: Rainer Zenz, Berlin
Herstellung und Verlag: BoD – Books on Demand, Norderstedt

ISBN 9783750421080
Auch als E-Book erhältlich